名师名校名校长

凝聚名师共识
回应名师关怀
打造名师品牌
培育名师群体

　　　　　　　程明远题

# 行走在 智慧教学 的路上

尚 辉◎主 编

胡 勇 曹智琴◎副主编

中国出版集团 现代出版社

**图书在版编目（CIP）数据**

行走在智慧教学的路上 / 尚辉主编. — 北京：现
代出版社，2022.7

ISBN 978-7-5143-9003-2

Ⅰ.①行… Ⅱ.①尚… Ⅲ.①阅读课—教学研究—初
中 Ⅳ.①G633.302

中国版本图书馆CIP数据核字（2022）第112073号

# 行走在智慧教学的路上

| | | |
|---|---|---|
| 作　　者 | 尚　辉 | |
| 责任编辑 | 张　璐 | |
| 出版发行 | 现代出版社 | |
| 地　　址 | 北京市安定门外安华里504号 | |
| 邮政编码 | 100011 | |
| 电　　话 | 010-64267325　64245264 | |
| 网　　址 | www.1980xd.com | |
| 印　　制 | 北京政采印刷服务有限公司 | |
| 开　　本 | 710mm×1000mm　1/16 | |
| 印　　张 | 11.5 | |
| 字　　数 | 184千字 | |
| 版　　次 | 2022年7月第1版　　2022年7月第1次印刷 | |
| 书　　号 | ISBN 978-7-5143-9003-2 | |
| 定　　价 | 58.00元 | |

# 目录

上篇

初中古诗词
群文阅读研究

# 群文阅读的要素分析与理论依据

尚 辉

群文阅读的概念由赵镜中先生提出后，渐渐引起了教育界的重视。教师们在学校进行广泛的教学实践，一时间兴起了群文阅读的研究热潮。本章将详细介绍群文阅读的概念、要素和理论基础。

## 一、群文阅读的概念

群文阅读的概念有几个具有代表性的观点。最早提出"群文阅读"的是我国台湾学者赵镜中，他指出："学生的阅读量开始增加，虽然教师还是习惯于单篇课文的教学，但随着统整课程的概念推广，教师也开始尝试群文的阅读教学活动，结合教材及课外读物，针对相同的议题，进行多文本的阅读教学。"蒋军晶在《让学生学会阅读——群文阅读这样做》中对群文阅读的概念进行了定义："在较短的单位时间内，针对一个议题，进行多文本的阅读教学。"于泽元教授提出："所谓群文阅读教学，就是围绕着一个或多个议题选择一组文章，教师和学生围绕着一个或多个议题就选文内容展开集体构建，最终对选文理解达成共识的过程。"于教授的界定具有清晰的操作性：识别问题，选择文本，阅读文本，集体建构并达成共识，有利于教师的理解与把握。

笔者认为，学生在指定的时间段内阅读一系列相关文本，阅读并进行讨论和交流，最后在老师的指导下，达成某些教学目标的阅读就是"群文阅读"。群文阅读应该有两个核心概念："群文"与"阅读"。教师只有理解了这两个概念才能更好地把它运用到教学中。

"群文"是指学生在课堂上阅读多篇文章，文章数量多于普通课堂教学。进入21世纪，阅读的渠道和方式越来越多，学生进行的更多是一些碎片化的阅读，不成体系，相互之间没有过多的联系，即使阅读了大量的文本，也没有实质性的提高。因此我们需要将大量杂乱的信息与相关联的文本统整结合，形成不同体系的"群文"，每组群文都有一个共同的议题或相关联的主题，使它在课堂教学中发挥教学价值。

关于"阅读"，新版课标对学生的阅读数量和阅读能力的培养提出了许多新的要求。尽管新课标重视阅读理念的转变，也提出了指导性建议，但实际教学中课标和课改提出的那些先进的教育理念，在这种非常浮躁的社会心理下被弱化了。在现今的教学环境下，学生的阅读量远远不能达标。群文阅读主张回归"阅读"本身，在课堂上营造一个理想的阅读环境，让学生静下心来读几篇完整的文章，从阅读中获得快乐。

## 二、群文阅读的要素分析

群文阅读包含三个基本要素：议题、文本和集体建构，具备这三个要素才构成群文阅读。

### 1. 确定议题

群文阅读的实现成功与否，在于我们将什么样的文章组合在一起。有人会有疑问，教材中的文章已经是以组的形式编排了，为什么还要多此一举，重新组合？以部编本教材为例，七年级上册教科书有十二首古诗，包括课内四首，课外诵读八首。其意在通过课内四首诗歌的朗诵和学习，激起学生对中华优秀文化的热爱，想象诗歌中的场景，体验诗人的情感。这虽然是一组文章，但相关性不大，编者更关注文章的人文性，轻工具性。群文阅读中的议题能够弥补这方面的不足。在群文阅读中，组合文章有更多的角度，如"作家""类型""表达""阅读策略"等，议题的类型是多种多样的。

### 2. 选择文本

文本是群文阅读的主要内容，教师选择怎样的文章组成群文供师生交流至关重要。文本的选择体现着教师的阅读视野、阅读理念和阅读品位，所以文本选择形式应该多样化。以诗歌教学为例，七年级上册教材提供的诗歌有十二首，教师可以采用课内多篇阅读的方式，将十二首诗歌重新编排整理，根据"主题"或"作者"等议题，实现群文阅读；也可以采用课内外相结合的方式，专注于课内文本，辅以课外读物，提供适合学生学习的文本。

### 3. 集体建构

群文阅读强调课堂教学的集体作用，改变传统教学模式，运用教学智慧点燃课堂。教师不再是教学的主角，而是教学的推动者，学生在课堂上应充分发挥集体的智慧，表达独特的观点和意见，让不同的声音在教室里碰撞和融合。正是因为有了不同的观点和看法，才让我们拥有了更多看待事物的角度，从而在群文的集体建构中培养学生的创造性思维与创新意识。

## 三、群文阅读的理论依据

### 1. 互文理论

互文性由法国后结构主义批评家和象征主义学者朱莉娅·克里斯蒂娃在《词语，对话和小说》中首次提出。互文性被视为解释和创造文本的一般概念。她在《符号学：符义分析探索集》一书中提出："任何作品的文本都是像许多行文的镶嵌品那样构成的，任何文本都是其他文本的吸收和转化。"她认为没有一个文本是独立存在的，文本之间存在着息息相关的联系。互文理论认为文学作品之间都存在"亲缘"关系，因此每篇文本都与另一篇文本形成互文关系。

互文理论可以为群文阅读的文本选择提供参考。首先文本的选择要有冲突性，能激发学生研读与讨论的兴趣；其次要具有互补性，互补类的文本优于风格相似的文本。教师结合以上两点选择既有冲突性又有互补性的文章能够对学生产生强烈的吸引力，也使阅读素材更有张力。互文理论使文本组合更加科学合理，易于学生理解接受，有助于群文阅读在初中语文课堂中的发展。

### 2. 后现代课程观

美国教育学者小威廉姆·E. 多尔的《后现代课程观》一书有多处观点与群文阅读有关。这说明群文阅读不是偶然出现的，在不同的教育理论中都能找到其来源，它们为群文阅读的发展提供了源源不断的动力。

后现代课程观的主张是："重视个体差异轻视学科中心，主张多元课程反对权威课程，倡导建立互动开放的对话式课程体系，消解凝固静止稳定的课程体系，坚持课程中的不确定性倾向，放逐现代课程中的确定观念。"多尔认为后现代课程是"一个迷人的想象王国，在那里没有人拥有真理而每个人都有权利要求被理解"。

多尔的教育观点印证了群文阅读提倡的教学观，群文阅读三要素之一议题的选择与确定和后现代课程观不谋而合。议题是可供讨论的话题，具有不确定性、开放性和对话性等特点。一个好的议题能够激活课堂，给学生以广阔的思考空间。议题作为讨论的话题本身是意蕴丰富的，它不像主题阅读一样，以一个确定的先入为主的方式贯穿课堂，而是采用不确定性的、开放性的话题来引导学生。开放性的话题可以带动更多学生参与课堂，学生大胆表达自己的观点，畅所欲言，不会有太多顾虑，这在一定程度上保证了课堂的参与度。同时后现代课程观主张多元反对权威，这也是群文阅读在实践中不断探索的方向。

**3. 学习共同体**

学习共同体发展至今有多种定义，比较著名的有以下几种："'学习共同体'是指一个由学习者及其助学者（包括教师、专家、辅导者等）共同构成的团体，他们彼此之间经常在学习过程中进行沟通、交流，分享各种学习资源，共同完成一定的学习任务，因而在成员之间形成了相互影响、相互促进的人际联系。"学习共同体融合了多门课程的教学活动，它的发展与壮大有赖于当今教学理念的转变。随着经济和社会的发展，教育的目标慢慢发生了变化。学校教育要求学生做愉快的学习者，学会享受学习，能够从知识的学习中选择、分类、加工、整合与运用，培养学生的综合学习能力。

学习共同体是由教师与学生、学生与学生等构成的群体。群体有共同的目标，经过各自的努力，在完成目标的过程中相互交流讨论，分享各自的观点，最终共同完成一定的学习任务，这正符合群文阅读的教学模式。群文阅读三要素之一是集体建构，这需要转变传统课堂形式，师生共同努力构筑合作学习活动。在活动过程中，师生可以平等对话，每个人都可以表达自己的独特观点。师生通过对某一事物的赞扬或批判，来相互帮助，共同进步。群文阅读在实施过程中将会带给学生与教师不同程度的改变，对学生来说，改变了其学习被动接受者的形象，使学生主动参与课堂，掌握课堂的主动权；对教师来说则是促进自身的专业化，做学生的引导者，增加教学积累等。由此看来，学习共同体理论对群文阅读中师生的建构性学习有一定的指导作用。

# 部编版初中古诗词群文阅读的
# 可能性与必要性

尚　辉

部编版教材在选文、编排方式和助读系统等方面做出了巨大改变。教材方面的革新要求教师也要推陈出新，尝试新型的教学方法，在充分了解初中生的心理发展特点后，开展符合学生身心发展特点的群文阅读教学活动。

## 一、初中古诗词群文阅读的可能性

为在教育一线实现群文阅读教学，笔者研究了相关论文及部编版教材，发现部编版教材在编排和选文等方面的理念与群文阅读不谋而合，据此，笔者根据教材特点与初中生的心理发展特点，探寻部编版初中古诗词群文阅读的可能性。

### 1. 部编版教材的特点

（1）丰富的选文体裁

部编版教材在知识、助读、选文和练习系统等方面进行了调整。其中选文强调四个标准：经典性、文质兼美、适宜教学，兼顾时代性。七年级上册古诗词增加了9篇，并且大多是经典诗歌。部编版中小学语文教材总主编温儒敏在谈到语文的经典作品时说："我们需要经典，因为经典作品积淀了人类的智慧，可以不断启示人们对文化价值的理解。"

部编版教材向经典传统篇目的回归，体现出了现代教育对中华传统文化的重视。不仅如此，新版教材每册新增8首古诗，供学生课外阅读，仅在诗词数量上就比原版增加了许多。群文阅读需要每节课提供3～4首诗词供学生阅读，教师可以充分利用教材提供的文章，重新编排，利用群文阅读的形式将课内外诗词连接起来，既满足了学生阅读数量的情况，也兼顾了阅读的广度。

例如，部编版教材九年级下册课内《山坡羊·潼关怀古》《南乡子·登京口北固亭有怀》和课外《山坡羊·骊山怀古》这三首诗词都是咏史怀古诗词，只是分布的位置不同。教师可以采用群文阅读方式，以"登古迹，咏古情"为议题，组成群文，通过课堂的集体建构，让学生相互交流阅读心得，这样既可以学习咏史怀古诗词的写作手法，也能了解这类诗词的表达方式，一举两得。

（2）科学的编排方式

新版教材编排的科学性体现在"三位一体"式的误文阅读和双线结构的单元编排。

以往的阅读教学大多数存在教师大包大揽的教学情况，精读课讲授内容过多，使少数泛读课也变成精读课，限制了学生的阅读量，课外的优秀教学资源无法融入课堂。为了把阅读的主动权交还给学生，新版教材采用"教读+自读+课外阅读""三位一体"式的课文阅读。其中自读课文用※号标注，课外古诗词诵读用蓝色字体标注。这种改变体现了对学生阅读的重视，让学生自己去阅读、去感知。由于原版教材多以人文主题为主，按照单元主题教学，重人文性轻工具性，所以温儒敏曾说，"'主题单元'框架往往只照顾到人文性，而较少考虑到语文性。以人文主题组织教学，语文教学的'梯度'也容易被打乱"，不利于学生的学习。部编版教材变成双线结构的单元编排，分为内容主题+语文知识两部分，增加了原本教材缺少的知识点，既关注人文主题，又注重学生学习能力的培养，把语文知识的各个部件分别放在每一个单元的导读里。例如，七年级第五单元的课前介绍是：这个单元学习阅读的方法，并建议使用比较方法来阅读和分析作品之间相同或不同的差异，以拓宽视野，加深理解。教材编排方式的改变有助于学生全面学习知识，但是没有改变实际操作。以古代诗歌五首为例，虽然诗歌的选择很有代表性，也蕴含了课前导读的知识点，但在实际学习过程中缺少可供参考的例子，以致五首诗也没有太多关联。

教师针对这一情况运用群文阅读来解决。五首古诗《登幽州台歌》《望岳》《登飞来峰》《游山西村》《己亥杂诗》都是通过游览历史古迹或登临高山，观赏美景而发出的对宇宙人生的无限感慨，其诗句隽永深刻，蕴含丰富的人生哲理。教师把这五首诗组成群文，及时补充这几首诗歌的背景知识和相关知识点，根据诗歌的助读系统，进行小组合作解读，最后各组交换意见，分析诗歌的哲理是通过怎样的景物与事物的描写表达出来的，这样就达到了兼顾诗歌的人文性与工具性的目的，也扩充了学生的知识储备。

（3）全面的助读系统

新版教材的助读系统也发生了重大改变，以古代诗歌为例，以往课文注解全部放在诗歌之后，这种方式对诗歌的解释说明不够科学合理。新版教材采用随文注释的方式，在诗歌的右侧加入作者简介和重点字词的解释，课外古诗词诵读在每首诗后增加了对诗词内容、艺术手法和表达情感的分析，减少了学生的阅读障碍，十分高效科学。古诗词群文阅读也可以在课前采用部编版教材的注释方法，通过全面的助读系统，提高阅读速度和理解能力。由于群文阅读的教学时间有限，学生的阅读时间也有限，全面助读可以缩短时间，把时间留给集体建构和达成共识等环节。精准全面的助读系统让群文阅读的教学更高效，师生在集体建构过程中也可以通过助读系统得到灵感或启发。

**2. 初中生心理发展特点**

初中阶段是学生认知与情绪情感快速发展的时期，初中生的观察力持续发展，思维能力显著提升，情绪情感更加丰富。在初中学段开展群文阅读，学生能发挥心理优势，在单位时间内更高质量地完成阅读内容，为进一步实施群文阅读的教学奠定良好的基础。

（1）认知方面的特点

"认知，指人们识别和理解事物或现象，保持认知结果，并利用相关知识解决实际问题的过程。具体包括观察力，思维力，感知觉，记忆和想象等心理过程。"

① 观察力发展的特点。

观察力是一种有意识、有目的、有计划的持久感觉活动，直接影响学生的写作能力和写作成绩。随着初中学习的展开，学生的观察力也得到了提升，以清晰、时间持久、精细内容和准确概括为主要特征，观察能力的提高有助于学生对所学内容的理解。

在群文阅读课上，学生需要在一定时间内阅读3～4首古诗，这对学生观察力的保持有一定的要求。随着年龄的增长，初中生观察的精准性、完整性和系统性均得到了显著提高，对事物的分辨力和判断力也有明显提高，这些都有利于学生在群文阅读中发现古诗的内在联系，找到可供讨论的话题，最后通过师生的集体建构过程，达成共识。

②思维能力发展的特点。

思维是人脑借助于言语、表象和动作实现的，对客观事物本质属性的间接、概括的反映。初中阶段学生的抽象思维发展占据了主导，具体体现在假设思维的运用上，初中生已具备一定的建立假设和验证假设的能力，他们面对智力问题时能够挖掘问题的各种可能性，再予以验证，最后得出结论。

古典诗词经常运用一些修辞手法或者引经据典来表达作者的情思。这就需要学生开动脑筋，思考诗词的隐含意义。例如，《天净沙·秋思》中涉及大量意象，学生需要在理解诗词基本含义的基础上，理解意象背后的隐含意义，这样才能真正理解诗歌表达的内涵。群文阅读能够在一节课里让学生集中学习"何为意象"，举一反三，逐步培养他们解读诗歌的能力。

（2）情感方面的特点

情绪和情感是一种由个人需求调节的心理活动，具有多种功能和水平。初中生的情感发展表现为情感认知的成熟和具有丰富的情感体验，情感表达的内隐和外在共存，理性、道德和美感的提升等。初中阶段随着学生的心理与生理的成长，教材也做出调整。语文学科需要学生投入情绪情感，在一篇篇美文中遨游。学生学习一首诗或一篇文章，不仅要学会文本蕴含的知识，也要体会它所包含的思想感情，学习与作者共情的能力。

新版教材增加了秋瑾的《满江红（小住京华）》、陆游的《十一月四日风雨大作（其二）》、谭嗣同的《潼关》，这三首诗都是抒发诗人报国之志和忧国忧民情怀的。教师将它们组成群文阅读时应该注意学生情绪和情感的变化。学生通过阅读"身不得，男儿列，心却比，男儿烈""夜阑卧听风吹雨，铁马冰河入梦来"等诗句能够激起爱国之情。在集体建构的过程中，教师及时补充背景资料，向学生普及诗人的创作背景和当时国家的内忧外患，通过师生之间的交流讨论，体会诗词表现的爱国之情，感受诗人渴望建功立业、报效祖国的豪迈胸襟。学生透过诗词的学习，产生热爱祖国、热爱集体的感情。这是群文阅读的优势，传统课堂中教师苦于对课堂主题进行提炼和升华，而群文阅读可以将主题以"群文"的方式传递给学生，让他们通过学习和交流去体会诗词蕴含的思想感情。

### 3. 初中古诗词的文体特点

古诗词历来是语文教学的重点内容之一，新版教材秉持继承传统、推陈出新的理念，重新编排古诗词，在诗词的文体特点方面具有几点优势，具体表现在以下几个方面。

（1）古诗词体制特点

顾尔行在《文体明辨序说·刻文体明辨序》中提到文体的体制是：①字句和篇幅的长短；②音律规范与变异；③句子和篇章的构架。由此可知，古诗词的体制可以从三个角度探究。

笔者按照文体的体制梳理了初中部编版教材的诗歌。在字句和篇幅方面，七年级教材是基于四言古诗、五言古诗和七言绝句；八至九年级教材诗词的难度逐渐增加，所选诗词诗句较多，九年级教材多以宋词为主。音律规范方面没有一定的平仄要求，用韵相对自由，四言古诗节奏短促，五言或七言绝句节奏舒缓。在结构方面，古诗形式整齐、对仗工整，宋词句式参差不齐、对仗灵活。

群文阅读要求学生单位时间内阅读3～4个文本。由于诗词的字句较少，篇幅较小，与小说和散文等文体相比具有得天独厚的优势。此外，古诗词用韵自由，节奏舒缓，对仗工整，适合朗读朗诵，所以我们在群文课堂中可以发挥诗词优势，设计趣味性的课堂活动，完善古诗词教学。

（2）古诗词语体特点

古诗词的语体指诗词的语言修辞和语言风格。语言修辞指语音、语义、句法方面的修辞手法，如比喻、夸张、拟人、对比、借代、双关等；语言风格指语言特有的格调，如恬淡自然、沉郁顿挫、通俗易懂、古朴生动等都是诗人创作的语言特色。语体是诗词在创作及运用修辞方法等方面体现出的一种语言个性特征，每首古诗都有它独特的语体。古诗词的语体是多种多样的，在创作中，作者即使是同样的情感，运用同一种修辞手法，也会呈现出不同风格的诗词作品。

教师根据古诗词的语体特点组成群文阅读，有利于学生对古诗词修辞手法的学习和运用，让学生通过不同的语言风格感受诗人在作品中表达的思想内容、创作风格和独特的艺术特征。以李白的友情诗为列，群文阅读的教学方式将牵挂友人的情谊作为议题，名为"送别诗：依依惜别的离情"，选择《闻王昌龄左迁龙标遥有此寄》《峨眉山月歌》和《赠汪伦》三首诗组成群文。三首诗是李白不同时期的作品，虽然都与友情相关，但每首诗的修辞手法不同，语言风格各异，从不同角度写出了诗人对友人的深厚情谊。根据古诗词语体特征组成的群文阅读可以扩展学生思维，帮助学生学习古诗词基础知识，拓宽阅读视野。

（3）古诗词体式特点

诗词的体式就是诗词的表现方式。例如，借景抒情、虚实结合、赋比兴、正侧面描写相结合、直接抒情与间接抒情相结合、动静结合、衬托、白描、渲染、铺叙等。

体式是诗歌呈现的表达方式，体现了诗歌的情感特质。群文阅读选文题材广泛，根据议题要求可以采用课内多篇、课外多篇等方式组合文本。如果学生掌握了诗歌中衬托、白描、赋比兴等表现方式，针对相同的表现方式，选择阅读素材，那么群文阅读的集体建构环节将会实施得更加顺利。

古诗词的文体特征是开展群文阅读重要的入口，教师从诗词的体制、语体、体式的角度开展群文阅读，能够扩充学生对诗词教学的认知，使学生品味丰富多彩的艺术特色，领略与众不同的诗词之美。

## 二、部编版初中古诗词群文阅读的必要性

群文阅读教学法在小学、初中和高中都在进行教育实践，也产生了相关研究结果供专家学者参考，这表示它是经得起实践和考验的。本节将结合社会背景和相应的课程改革要求，探究初中古诗词教育实行群文阅读的必要性。

### 1. 时代发展的需要

21世纪是互联网技术高速发展的时期，人们的生活与学习也随着互联网技

术的发展产生了巨大的变化。在阅读方面，网上数字阅读成了最便捷的阅读方式，学生在阅读中获得的内容更加丰富，获取资讯的方式更加简便，但真正有用的知识却寥寥无几。阅读方式的改变没有增加学生阅读的数量，也没有培养学生良好的阅读习惯，反而带来了危害和隐患。互联网存在大量暴力、色情的垃圾资讯，这些不良信息在无形中毒害学生的思想并影响他们的健康成长。

群文阅读顺应时代的发展产生，它应用于学校教育不仅能够满足当代学生对阅读量的要求，也能让学生远离网络，在课堂中静下心来好好阅读文章，渐渐培养阅读习惯。

**2. 初中生语文核心素养发展的需要**

什么是语文核心素养？中国教育学会小学语文教学专业委员会理事长崔峦先生认为：语文的核心素养就是语言的建构与运用、思维的发展与提升、审美的鉴赏与创造、文化的传承与理解四个方面。不同于单篇教学，群文阅读在培养学生的语文素养方面存在着明显的优势。群文阅读的三要素是议题、文本和集体建构，学生在单位时间内通过对几篇文章的阅读学习，小组之间的交流讨论，最后在课堂中分享展示学习成果。这种阅读方法会在潜移默化中提升学生的语文素养。

**3. 初中古诗词课程改革的需要**

课程标准对七到九年级学生的古诗词学习提出了如下要求：诵读古代诗词，阅读浅易文言文，能借助注释和工具书理解基本内容。注重积累、感悟和运用，提高自己的欣赏品位。根据笔者实习期间的观察，当今初中生的诗词理解能力较弱，即便借助课下注释也难以理解诗词内容。群文阅读能有效改善学生的学习状况，通过增加课堂上的诗歌阅读来点燃学生的学习热情。群文课堂是师生共同参与的课堂，能够有效提升学生的学习能力，逐渐达到课标要求。

尽管课程改革已将近10年，一线教学中也有许多新的改变和尝试，但大多数教学还局限在单篇阅读上。无论教学方式如何改进，课堂活动如何调整，教师与学生的阅读视野全都依赖教材的展开，取材有限。单篇阅读虽然可以全面地分析课文，使学生了解课文的内容以及蕴含的思想感情，但是教材中的课文也仅仅是一个例子，面对现今浩如烟海的阅读材料，学生只了解一种思想感情对语文学习是远远不够的，只有在平时的语文课堂中多多积累，才能有所提高。群文阅读是对单篇阅读的补充，是精读与泛读相结合的产物，以点带面，真正让学生当堂掌握阅读素材，通过集体建构和达成共识等环节，自主挖掘古诗词内容、主题、思想感情等，实现一举多得。

# 初中古诗词群文阅读的价值分析

尚 辉

初中古诗词群文阅读能够弥补单篇阅读在阅读数量上的不足，也可以改变传统的教学模式，简化教学步骤，以任务驱动学生的学习，激发学习动机。群文阅读促进了学生的学习和进步，也促进了教师的专业化发展。

## 一、群文阅读对初中古诗词教学的价值

### 1. 弥补古诗词单篇阅读的不足，培养学生的阅读兴趣

古诗词的积累完全依靠课内素材是不够的，以新课改为例，古诗词的数量在不同阶段都有了大大的提升：小学学段提高到70余首，初中学段50余首，高中学段30余首，但还没有满足新课标对课外阅读的要求。按照文学体裁（小说、散文等）区分，诗歌的古代诗词阅读量的要求应达到37万字，但目前课内所有篇目包含在内，初中学段大约有4000字，阅读量严重不足。群文阅读具有多文本阅读的特点，能很好地弥补阅读数量的不足。

针对单篇阅读的局限性，相关专家和教师提出了群文阅读的教学方法。这种方法应广泛地在初中课堂中实施，不能只是做做样子，看似把群文阅读引入了语文教学，实际上教师与学生都没理解群文阅读的真谛。古诗词的群文阅读课是科学合理但又有所取舍的，由于课堂时间有限，其要求学生课前把本节课需要学习的内容预习好，如诗人生平和背景介绍等，以简化教学步骤，归还课堂"主权"，指导学生讨论和交流，鼓励个性化的表达，在课堂教学模式上弥补单篇阅读的不足。

**2. 任务驱动古诗词教学，激发学生的学习动机**

群文阅读的要素有议题、文本、集体建构，每个部分都有学生和教师的参与。议题具有客观性和开放性的特点。教师选择议题要根据学生的实际，留给他们思考的空间，最后产生相同或不同的结论，这个过程是开放的，把古诗词学习的主动权交还给了学生。例如，教师课前设置议题"长路漫漫何以悲"，探讨古人在羁旅形役中的思想感情变化，课堂上选择多首羁旅诗歌，如王湾的《次北固山下》、李商隐的《夜雨寄北》和马致远的《天净沙·秋思》，让学生阅读诗歌，表达自己对诗歌的独特理解和感知，激发学习动机。

集体建构是指学生根据议题表达自己的观点，交流思想，达成共识的过程。如议题"走进苏东坡的感情世界"，该群文阅读选择他的《水调歌头（明月几时有）》《记承天寺夜游》《江城子·乙卯正月二十日夜记梦》以揭示苏东坡对亲情、友情、爱情的歌颂。教师根据选文设计如下问题供学生讨论交流：几首词的表达对象是谁？从哪里体现出来的？苏轼的创作风格。教师通过问题设计，引起学生的广泛交流，能改变传统课堂学生学习的被动。课堂教学因议题和集体建构，变得更加丰富多彩。

**3. 学习目标集中，定点突破古诗词教学难点**

古诗词一直以来都是教学的重点内容，但诗词内涵和思想感情与我们现在的社会生活存在较大的距离，有时学生很难理解诗歌表达的情感和意蕴，也较少产生情感的共鸣，长此以往，越来越没有学习的兴趣。群文阅读利用群文的特点，在一节课中让相关诗词的知识点反复出现，学生通过交流讨论加深印象，促进学习。例如，学生学习杜甫诗歌的风格，教师选择杜甫的《登高》《春望》《茅屋为秋风所破歌》，让学生体会杜甫诗歌沉郁顿挫与精微潜隐的特点。以往较难的知识点仅提供一首诗歌，学生很难理解。如今三首诗歌放在一起，教师针对杜诗沉郁顿挫的诗风，选择重点诗句，重点分析，这样学习目标明确，便于学生理解杜诗的风格。

## 二、古诗词群文阅读对培养学生语文素养的价值

与单一阅读相比，群文阅读的核心任务是在阅读实践中发展学生的阅读能力、思维能力、审美能力和文化吸收能力，积淀其丰厚的人文素养，满足其精

神成长的需要。由此可知，群文阅读具有培养学生语文素养的价值。

### 1. 建立多样化的语言体系

语言的建构与运用是指学生通过语文学科的学习，在听、说、读、写的言语训练中形成和发展的，理解与运用祖国语言文字的能力和品质。语言的建构与运用是对语文教学的本体性要求。群文阅读的选文种类丰富多样，学生在阅读过程中可以体会到多种多样的表达方式，丰富对同类事物的认知，建立多样化的语言体系。以"秋"为例，刘禹锡的《秋词（其一）》表达的是作者的爱秋之情。自古以来悲秋是诗歌的常见主题，这首诗一反常态，不写悲秋而是借明丽的秋景引出豪迈的诗情。杜甫的《茅屋为秋风所破歌》通过对秋风的描述，揭示了诗人所处环境的险恶，表达了诗人把自己的命运置之度外，忧国忧民，以民为本的思想。曹操的《观沧海》虽然写的是秋风的萧瑟和肃杀，但是全诗表达的更多是作者博大的胸襟。教师将这几首古诗组成群文阅读，学生从"秋"的不同表达中，不仅可以窥探杜甫等诗人的思想感情和雄心壮志，还能感受到诗人高超的语言创造力。

### 2. 培养创造性思维

传统的阅读形式主要培养学生的聚合性思维，优点是有利于学生对前人知识的掌握，缺点是容易造成学生对书本和教师等权威的迷信，不利于激发学生的创造性思维。而群文阅读既有培养学生聚合思维的一面，也有激发学生创造性思维的一面，在促进和发展学生的思维方面具有独特的优势。群文阅读强调多种观察的角度，如同样写荷花，《晓出净慈寺送林子方》中的荷花亭亭玉立，鲜红娇艳，荷叶密密层层，与蓝天相接，这是作者通过一种宏观的视角描写荷花。而《小池》中的荷花则含苞待放，只有一个嫩尖浮在水面上，在这首诗中作者运用了微观的写法。由此可见，同样描写荷花，由于作者观察的角度不同，诗词内容也会有所不同。群文阅读有助于学生从多个角度观察事物，并通过不同角度的分析，激发他们的创造性思维。

### 3. 提升审美品位

在古诗词群文阅读过程中，学生能够体验和感受到古诗词中的语言与情感之美，欣赏和体会不同时代、不同风格的作品，从而逐渐培养正确的价值观、高雅的审美情趣和高尚的审美品位。

例如，教师以"荷花——夏日里的咏叹调"为议题组成群文阅读，选择古诗词中描写荷花的名作。例如，王昌龄的《采莲曲》没有正面描写采莲少女的美，而是巧妙地将少女的美与大自然融为一体，体现了一种融合之美。郑谷的《莲叶》由舟行荷塘、风吹荷叶等画面构成，体现了一种图画之美。李商隐的《赠荷花》借歌颂荷花与荷叶的荣衰相依表达了诗人渴望知己，寻找政治依靠的心声，体现了一种合作之美。陆龟蒙的《白莲》将荷花拟人化，赞美它出淤泥而不染的高洁与傲岸，全诗托物寄兴，表现出一种独特的美。以上4首诗作为群文阅读，可以使读者的审美由此及彼，由点到面，触类旁通，渐渐养成较高的审美追求，提升审美品位。

**4. 传承优秀传统文化**

传承优秀传统文化需要我们体会中华文化的博大精深、源远流长，增强对本民族文化的理解与认同，在此基础上吸收人类文明的杰出成就，扩大学习的文化视野，提高文化自信。

传承优秀传统文化是培养学生语文核心素养的重要组成部分。虽然过去单一文本的阅读教学也涉及文化传承与发展问题，但实际教学仍以考试为主。过去重视文本的详细分析和简单的技能培训，忽略了作品的文化价值，在教学中没有形成相应的文化氛围。今天，我们将一些具有相同文化观念的作品精选出来，组成群文，通过这种方式使文化的内涵在阅读中显现出来。这样，学生也会提升文化自信，通过群文阅读接受熏陶。

## 三、古诗词群文阅读对教师发展的价值

**1. 转变教师教学理念**

古诗词部分是学生们最惧怕的学习内容之一，其难点多，难以攻克，在以往的古诗词课堂教学中，学生习惯性地以听教师的讲解为主，没有信心自主探究，教师一直是课堂教学的主导者，由课堂导入到最后的作业布置，各环节都要亲力亲为。诗词解读更是如此，大到主题思想，小到字词翻译，均由教师一人包办。面对这种情况，群文阅读的教学方法可以改变教师主导者的身份，让学生成为课堂活动的建设者，通过相互之间讨论和交流，找到解决问题的办法。在群文阅读的课堂中，教师要放弃面面俱到的教学流程，留出充足的时间

"让读于生、让思于生、让疑于生、让议于生和让习于生"。当学生讨论很愉快，进展很顺利的时候，教师就要将自己的角色隐去；当学生的讨论出现困难，陷入问题的泥沼中，难解难分的时候，教师应该及时出现，为学生指点迷津，帮助他们找到正确的思考方向。

### 2. 激发教师研究意识

群文阅读可以激发教师的研究意识，形成专业意识。教育家叶澜认为，教师的专业发展就是"教师的专业成长或教师内在专业结构不断更新、演进和丰富的过程"。群文阅读的议题是开放和可协商的，教师需要考虑"什么样的议题是学生感兴趣的？""选择什么题材能引发学生讨论交流？""什么样的教学风格可以营造良好的教学氛围？"群文阅读课并不是教师把多个文本直接引入课堂，而是要教师发挥自身的教学经验和智慧寻找文本之间的联系，按照文本之间的线索将它们串联起来。事实上，诗词之间的线索非常多，蕴含的内蕴也十分丰富深刻，这需要教师有强大的知识储备，能够对知识点进行查漏补缺、融会贯通，最后形成自己的教学体系。而通过这一过程，教师的研究意识会不断增强。

### 3. 增强教师阅读积累

群文阅读可以使教师加大阅读积累和内化专业知识。它的特色之一是学生在单位时间内阅读多个文本。以古诗词为例，文本的内容可以来自课内阅读、教材内课外古诗词阅读或课外读物。这对教师是一个巨大的挑战，他们需要摆脱对教科书的依赖，寻找适合群文的素材，要根据议题选择贴近现实、学生的文本，需要阅读大量书籍，通过多种渠道阅读文本，博览群书。阅读和积累这一过程，能够促进教师在教学上进步，也能让群文阅读课变得更精彩。

# 初中古诗词群文阅读现状分析

尚 辉

为了更加深入地了解初中古诗词群文阅读教学现状，有的放矢地探讨群文阅读对初中古诗词教学的积极意义，笔者采用问卷调查的形式，深入学校的班级开展名为"初中生古诗词群文阅读情况"的问卷调查，希望能够呈现初中古诗词群文阅读的现状和问题，并以此为基点，探讨群文阅读的教学方法。

## 一、初中生古诗词群文阅读问卷调查及数据分析

本次调查针对中山大学附属小学一年级学生，共发放调查问卷97份，回收有效问卷95份。

问卷问题及数据统计见下表。

| 答案及数据问题 | A | B | C |
|---|---|---|---|
| 你喜欢古诗词群文阅读课吗 | 非常喜欢（25%） | 一般（45%） | 不喜欢（30%） |
| 你怎样看待课内古诗词群文阅读的选材 | 内容枯燥，陈旧难懂（43%） | 文辞优美，内容丰富（37%） | 蕴含优秀传统文化应该继承和学习（20%） |
| 你觉得理解古诗词的最大障碍是什么 | 读不懂（52%） | 内容枯燥无聊，无实际意义（15%） | 内容繁复，记不住（33%） |
| 你觉得群文阅读课上同学们的讨论氛围如何 | 积极热烈，全都能参与进来（18%） | 还可以，有些喜欢古诗词的学生能参与进来（25%） | 参与进来的人很少，做做样子（57%） |

| 答案及数据问题 | A | B | C |
|---|---|---|---|
| 你认为"古诗词群文阅读"能提高自己的诗词理解能力吗 | 能（33%） | 和平常差不多（35%） | 不能（32%） |
| 你认为"古诗词群文阅读"有助于增强自己对传统文化的理解并加强文化修养吗 | 能（40%） | 和平常差不多（44%） | 不能（16%） |
| 你觉得老师在群文课堂上讲的内容与你想学习的内容吻合吗 | 非常吻合（13%） | 很少吻合（52%） | 不吻合（35%） |
| 老师经常采用以下何种方式讲授诗歌 | 篇章分析（30%） | 古代文化常识及背景知识介绍（25%） | 翻译（45%） |
| 你是如何在古诗词群文课堂上获取知识的 | 老师直接讲授（44%） | 自己思考出来的（23%） | 既有老师的讲授，又有自己的思考，还有同学的分享（33%） |
| 古诗词群文阅读课后你能清晰地回忆出古诗词的内容吗 | 全部都可以（28%） | 基本可以（33%） | 忘记很多，没有什么印象（39%） |

我们从本次问卷调查可以看出，学生对古诗词群文阅读无太大兴趣，认为一般和不喜欢的学生占大多数。近半数学生认为群文阅读选材内容枯燥、陈旧难懂，课堂参与度低；多数学生只是做做样子，没有参与到课堂的讨论中。认为能提高自身诗词理解能力的学生仅占1/3，有2/3的学生认为作用不大。教师的讲授方式也是被诟病的地方，超半数学生认为教师课堂上讲的内容与自己想学的不符。教师的课堂讲授方式也少有创新，除了多加几首古诗之外，没有太多改变，课堂互动也是以教师为主导，课后效果也不尽如人意。仅有近1/3的学生能回忆起讲授的诗词内容，多数学生学习效果不佳。

## 二、初中古诗词群文阅读存在的问题

根据问卷调查的结果和一线教学的经验以及报纸杂志上对大量课堂案例的分析，笔者发现，虽然群文阅读在一线教学中渐渐开展，已经取得了一些可喜的成绩，但其教学理论还处于研究和发展当中，具体实施步骤和教师的教育方式还不完善，从而导致在一线教学中存在诸多偏差。

**1. 古诗词选择文本缺乏深度及关联性**

以往古代诗歌教学不需要扩展太多课外古诗，只需要精讲教科书选取的课文。群文阅读要求教师一节课选择3～4首古诗让学生阅读并分析理解，这样一来，教师需要在文本选择上下功夫。鉴于以往的教学习惯，教师在选择文本时存在盲目性，所选文本仅在表面有一丝联系，本质关联性不大，缺乏深度，只是为了群文阅读而"群文"，没有考虑实施群文阅读的初衷。从调查问卷的第二个问题我们可以看出，43%的学生认为群文阅读的内容枯燥乏味，这需要引起教育者的重视，在文本选择上多下功夫，根据学生的兴趣爱好和所在年级，寻找合适的文章组成群文供学生阅读。

笔者在群文阅读的教学视频中看过一个杜甫诗歌的案例。该案例以"杜甫的家国情怀"为议题，选择《春望》《茅屋为秋风所破歌》《登高》三首诗。三首诗在语言和思想上都有很大的跳跃性，《登高》出自高中教材，语言和思想跨度很大，让初中生在群文阅读中完全理解诗词的内涵，体会杜甫沉郁顿挫的诗风，感受诗人为国为民，忧愁国家前途和命运的情感比较困难。这个例子说明教师的文本选择存在问题，群文阅读只利用同一个诗人的不同作品，牵强附会，缺乏内在的深度和关联性。

**2. 古诗词确定议题缺少针对性和语文性**

确定议题是群文阅读的重要组成部分，好的话题可以让课堂变得生动有趣，激发学生参与的热情，将深奥晦涩的古诗词中蕴含的哲理和文化知识传递给学生。由于中考的压力，一线教学更注重对学生技能性知识的培养，学生学习诗歌偏向学习写作方法、答题技巧等，较少欣赏古诗词的优美，体会诗词蕴含的传统文化。这使语文课渐渐失去了语文性。语文是一个涵盖面较广的学科，一首诗词的内涵也十分丰富，确定议题前应明确教师在课堂中要传递给学生怎样的知识点，怎样的思想感情。许多一线教师选择议题缺少针对性，在组合诗词时不敢进行大刀阔斧的改装重组，导致课堂上每首诗都是重点，这样一来，每首诗都没有了侧重点，学生的接受效果也不佳。

以笔者听取的群文阅读课为例，教师以初中有关写景的古诗文为文本，选取了《三峡》《答谢中书书》《记承天寺夜游》，以"如何写景"为议题，组成了一组写景的群文，在课堂上引导学生找出写景的句子并概括写景句的表达方式。上课期间学生的积极性不高，组内合作效率极低，教师讲授内容也缺乏创新。整节群文课下来，学生除了多读几首诗歌外，没有太多收获。笔者分析议题缺少针对性是导致这节课效果不佳的主要原因，"如何写景"这一议题比较宽泛，不够细化和精确。教师确定议题前应明确想传递给学生怎样的知识点，应具有针对性和语文性，毕竟初中生的理解与表达能力有限，要结合实际确定议题。

**3. 古诗词集体建构缺乏参与度和积极性**

根据问卷调查结果可知，学生在群文阅读课上的讨论氛围不佳：18%的学生表现积极热烈；5%的一些喜欢古诗词的学生能参与进来；超过半数学生认为参与少，大多数只是做做样子。

群文阅读正处于探索时期，教师和学生在操作过程中难免有所疏漏，学生已经习惯做被动的知识接受者。还需正视的问题是学生对古诗词及古文学习的态度，调查显示仅有25%的学生非常喜欢古诗词群文阅读课，75%的学生表示一般喜欢或根本不喜欢群文阅读课程。这也是古代诗歌群文阅读教学面临的一个主要问题。

**4. 古诗词群文教学模式化，缺乏教学反思**

调查显示，教师在讲授古诗词时篇章分析占30%，古代文化常识及背景知识介绍占25%，翻译占45%。一系列数据表明，教师教学模式僵化，缺少创新意识，教学过程除了增加诗词数量没有其他创新之处。此外，13%的学生认为群文课堂上讲的内容与自己想学习的相吻合；52%的学生认为很少吻合；35%的学生认为完全不吻合。这也暴露出了目前群文阅读的一个比较大的问题，即教师缺少教学反思，认为将这种先进的教学形式原封不动地搬进课堂就可以使自己的教学形式得到丰富，学生的学习方式得到改善。其实这只是教学的一部分，真正好的教师会做到不断反思总结，不断修改自己的讲授方法和讲授内容，做到精益求精。目前许多教师缺乏教学反思，没有考虑学生对群文阅读的适应性问题，也没有考虑学生对新的教学方法的接受度。

## 三、初中古诗词群文阅读存在问题的原因

笔者根据群文阅读课的实例，分析了古诗词群文阅读课存在问题的原因。

**1. 单篇教学思维惯性的影响**

长期以来，古诗词教学都以单篇阅读为主，教师的讲课方式集中在篇章分析、翻译、介绍诗词的知识和诗人背景上。群文阅读要求教师打破思维惯性，不能以灌输和死记硬背为主，在选择议题和组织文本环节要多考虑学生的需求。马克斯·范梅南曾说："一位智慧的教育者认识到要跨过街道走过来的不是学生，而是教师。……教师应该站在孩子的身边，帮助孩子认识要跨越过去的地方，为孩子找到有效的方式帮助孩子顺利走到另一边来，走到这个另外的世界中来。"以往教师更关注自己的教学进度，现在需要考虑学生的学习进度；以往教师在课堂上是主导者，负责串联教学的各个环节，现在需要教师做一个引导者，让学生参与教学，通过集体的建构，完成群文阅读的教学目标。

**2. 师生古诗词文学修养的局限**

古诗词蕴含丰富的历史文化知识，在一线教学中，学生与教师因基础较差或文学积累不足，对诗词的理解和把握存在偏差。以文本选择为例，教师存在随意性。笔者根据收集和整理的资料发现，许多教师的群文文本来自网络和相关研究领域的专家与学者，如蒋军晶先生的"创世神话"案例、"辛弃疾组诗"案例等，它们在各类群文阅读课堂上屡见不鲜。一线教师直接在网上搜寻后原封不动地应用到自己的课堂中，这实际上是一种不思进取、墨守成规的行为。教师是群文阅读教学方式开发的主力，却依赖网络和名师个人的创作。网络上的阅读资料良莠不齐，教师在没考虑学生实际接受能力的情况下，将之盲目地灌输给学生是不科学的，违背了群文阅读教学的初衷。

**3. 学生主体意识的缺失**

长期"填鸭式"的课堂教学使教师习惯占用整节课的时间，把课本上的内容强制灌输给学生，渐渐地，学生习惯了做被动的接受者，缺乏发现问题与质疑问题的能力，尤其是语文科目的学习，大多数人认为，只要能背诵和识记就能学好。现在的课堂教学尽管改变了教师的"一言堂"，让学生参与其中，但是学生之间的讨论也是泛泛而谈，空洞，无创新意识，学生达成的共识没有实际价值。

# 初中古诗词群文阅读的目标定位
# 与实践探索

尚 辉

群文阅读教学理论是否适用于初中古诗词教学，需要教师在一线教学中加以验证。下面笔者结合群文阅读各个环节和一线的教学实践探讨如何将群文阅读应用于初中古诗词教学。

## 一、初中古诗词群文阅读的目标定位

美国教育家本杰明·布鲁姆说："有效的教学始于准确地知道希望达到的目标是什么，教师所期望的学生的变化，便是教学目标。"一堂好课的基础是制定科学合理的教学目标，为了更好地在实际教学中开展群文阅读，笔者收集整理了相关的专业书籍和期刊论文，并结合教育实践，提出了初中古诗词群文阅读的目标定位。

### 1. 主题引领多篇古诗词群文阅读，加强学生的阅读积累

群文阅读不是简单的多文本阅读，而是基于议题有目的地阅读。例如，以"曹操诗中的浪漫与豪放"为议题，教师选择曹操的《观沧海》《龟虽寿》及课外古诗《短歌行》作为阅读材料。这几篇文章都是曹操的代表作，在表达内容上有相似的地方，也有一定的区别。《龟虽寿》展示了曹操对老年岁月的乐观情感和自豪感；《短歌行》表现了诗人目标远大，渴望统一天下的广阔胸怀；《观沧海》表达了诗人开阔的胸襟，抒发了渴望一统天下的雄心壮志。学

生阅读这几首诗，不仅能学习诗歌丰富的内容和深远的意蕴，还会对诗人有更加深刻的认识，可谓一举多得。以诗歌主题作为议题的群文阅读还有很多，古诗词篇幅短小精悍，一节群文阅读课中不仅可以阅读多篇，还能集体讨论最后达成共识，这也是古诗词群文阅读得天独厚的优势。

**2. 群文对比挖掘古诗词的人文价值与审美价值，提升学生的语文素养**

群文阅读具有培养学生语文核心素养的价值，如果群文阅读只在课堂上做诗词的简单相加则毫无意义，它需要通过诗词间的对比阅读学习，去比较发现诗词之间的"共性与个性"，让学生在参与的过程中获得语文学习的能力，体会诗词中蕴含的人文与审美价值。

《诗经》有较高的人文与审美价值，因年代久远，诗中多处内容已经与时代脱轨，再加上语言晦涩难懂，很难解释，学生容易产生厌学情绪。我们针对这一情况开展《诗经》的群文对比阅读，议题为"最美不过《诗经》"。该堂课选取八年级下册《关雎》《蒹葭》和课外阅读篇目《君子于役》。《关雎》运用了"兴"的表现手法，描写了一名男子对女子的相思之情，将人物内心的感情较好地揭示出来。《蒹葭》表达了诗人对爱情执着的追求。《君子于役》通过一个山村妇女对久役不归的丈夫的深切怀念，侧面反映了繁重徭役给人民带来的痛苦怨恨。这三首诗反映了周代人民的日常生活。教师只要在群文阅读课前组织好学生预习，在课堂上先介绍《诗经》的背景，相关字词的梳理，再组织学生自由阅读、交流讨论，最后得出结论，学生就能很好地感受诗歌中蕴含的人文价值与审美价值。

**3. 在比较分析中感受诗词的表达方式，培养学生思维的独特性和创造性**

群文阅读教学模式为原本"死气沉沉"的语文课堂增添了一丝新的活力，调动了学生的阅读积极性，使他们在比较分析中感受古诗词独特的表达方式，使自主探究思考成为一种阅读的习惯，培养学生思维的独特性和创造性，让语文课堂成为启迪学生智慧的场所。这是群文阅读教学的一大特色。

在以往单篇阅读中，学生只有一篇文本做参考。以"托物言志"这一表现手法为例，《爱莲说》通过对莲花的描写与赞美，歌颂它出淤泥而不染的高尚品质，表现作者不慕名利、洁身自好的生活态度。教师如果在教学时只有一篇文章，会导致学生只能被动地接受"托物言志"这一表现手法。在这种情况下，可以再选择一篇《陋室铭》，因为它也运用托物言志的手法，表达了作者甘居陋室而不与世俗同流合污的高尚节操。学生将这两篇文章组成群文，经过比较分析，发现它们都是通过描写具体事物来抒发自己的情感与议论，由此懂得托物言志的作用。经此，学生也可以发现文章的特别之处，用发散性的思维解读文章，从不同角度发表自己的意见，只要言之有理有据，均可成立。群文阅读教学不寻求答案的同一性，以培养学生思维的独特性和创造性。

## 二、初中古诗词群文阅读教学策略

### 1. 集思广益，确定议题

议题是群文阅读选择文本的主线，如果不以合理的议题选文，群文课堂将变成一盘散沙，不能产生强大的凝聚力，学生的思考方向南辕北辙，无法达成共识。议题有多种划分方式，我们可以将它分成内容议题、形式议题等。

（1）依据古诗词内容确定议题

本课题的设置主要是为了鼓励学生深入探索古诗词的内容、主体情感等，将文本的内在本质印入心中。学生把握了文章的主旨和主体情感之后，把所学所感运用到学习和生活的各个方面。

① 古诗词主题议题。

以部编版古诗词为例，教师选取八年级上册课内古诗陶渊明的《饮酒（其五）》、课外古诗《归园田居（其一）》和孟浩然的《过故人庄》，组成群文阅读，设定主题为"田园诗，没有外物负担和心灵负担的境界"。在课堂上给学生自由阅读的时间，让他们互相交流讨论自己的看法和观点，包括这三首诗的相同点与不同点。其间学生经由教师的指导学习田园诗歌的主要特征和主旨，理解田园诗歌的含义，在三首田园诗的浸润下感受中国古典山水田园诗歌没有外物负担和心灵负担的境界。这是一种自然、自在、自由，其极致是感觉不强烈，甚至被忽略了的自在，是最高的自在。

② 古诗词意象议题。

诗歌教学不能忽略其意象及隐喻，诗言情往往不是直白地抒发情感，而是借助一些优美的意象，把情感寄托其中，对它精心描绘。教师根据诗歌的意象确定议题，使学生不仅能够学习有关意象的相关知识，而且能够体会意象背后蕴含的情感寄托，一举两得。

例如，《古典诗歌中的八种经典月亮》一文中说："中国古典诗歌的月亮是诗的意象，并不是客观的想象，而是主观的某种情感特征与客体的某一特征的猝然遇合，极富中国的民族特色。"可以根据这一意象设计"月：生命情感的非常寄托"这一议题，选取李白的《把酒问月》《月下独酌》、杜甫的《月夜》、王维的《鸟鸣涧》四首诗，首先精读《把酒问月》，通过解析"今人不见古时月，今月曾经照古人"等诗句，让学生学习"月"在诗中的独特作用。在这首诗中，诗人不仅通过"月"传递了自己的孤独与苦闷，也传递了诗人的洒脱与乐观。其次泛读其他三首，思考这些诗句中"月"的意象所表达的感情是否与李白一致。最后通过群文的对比阅读可知，月亮是文人的情感寄托，思乡的游子视月为亲人，孤独者视月为朋友，月亮既代表着清冷，也代表着无限的豪情，可以说"月"是生命情感的寄托。通过群文阅读，学生可基本掌握"月"这个意象。

③ 古诗词主体情感议题。

诗词表达的不仅是诗人的人生际遇，也是诗人内心情感的写照。学习一首诗歌时不仅要读懂它的语言，也要领悟作者表达的思想感情，这才是我们学诗的根本。李清照的《如梦令（常记溪亭日暮）》《如梦令（昨夜雨疏风骤）》和《声声慢（寻寻觅觅）》都表现了女性内心的忧愁与苦闷，可以组成"女性的隐忧：剪不断理还乱"的群文阅读。这几首词是词人在人生的各个阶段写成的，表现的情感也不尽相同，《如梦令（常记溪亭日暮）》《如梦令（昨夜雨疏风骤）》体现的是少女时期的闲愁与苦闷，《声声慢（寻寻觅觅）》表现的是作者老年之后内心的凄凉与酸楚。学生通过对群文的阅读学习，深刻体会词人内心"剪不断理还乱"的情感。

（2）依据古诗词形式确定议题

古诗词的形式议题比较广泛，分为文体形式、表达方式、艺术风格等。

① 古诗词文体形式议题。

古诗词的文体形式包括体制、语体、体式等，学生了解文体形式的分类有助于课堂展开群文阅读。例如，设置文体形式的议题：巧妙的景物描写其

——动静结合，教师选择王维的《鸟鸣涧》《山居秋暝》和常建的《题破山寺后禅院》，这三首诗既有静物景观也有动物景观的描写，动静结合，相互衬托。通过以上三首诗歌的群文阅读，学生会对诗歌的景物描写有进一步的理解。教师课后可以根据景物描写设计拓展问题，让学生探讨景物描写的表达效果，为下一步的群文阅读做铺垫。

② 古诗词表达方式议题。

古诗词的表达方式可以分为记叙、描写、议论、抒情等几种，新的课程标准提出应该让学生在初中阶段了解这几种表达方式。教师可以根据诗词的表达方式分类设置群文阅读，如"何为叙事诗"的议题，选取北朝民歌《木兰诗》、白居易的《卖炭翁》和乐府民歌《十五从军征》。学生通过阅读和学习，认识替父从军的女中豪杰木兰的人物形象，揭露唐朝"宫市"罪恶的烧炭老人的形象和历经战乱、孤独凄苦的老兵形象。这几首诗均是通过人物叙事来抒发情感的，这种体裁形式有故事有人物，人物性格突出。学生通过叙事诗的群文阅读可以轻松掌握记叙的表达方式。

③ 古诗词艺术风格议题。

中国古代诗歌具有多种艺术风格，不同的诗歌类型、不同的诗人都有自己的诗歌艺术风格。例如：杜甫的诗歌创作风格沉郁顿挫；李白的诗歌创作风格豪迈激昂，变幻莫测；陶渊明诗歌的艺术风格恬淡自然，醇厚隽永。学生在学习过程中可以加入同一个诗人的多首古诗，在阅读中体会诗歌独有的艺术风格，为以后的学习奠定良好的基础。

**2. 统整教材，选择文本**

群文阅读的关键在于如何选择文本，选择太多会烦冗不精，选择太少则会失效，无法取得理想的学习效果。教师选择阅读素材时要尽量结合实际，根据学生自身发展的现状和文本特点，可具体分为"一篇带多篇""群文齐读""群文共享"三种形式。

（1）一篇带多篇

顾名思义，"一篇带多篇"指在群文阅读的素材中，师生集体重点阅读一篇，以古诗词为例，可以是课内提供的原文，也可以是教师在课外收集的阅读素材，内容不限。师生通过第一首诗词重点分析诗词内容和篇章结构，以此作为基础，再去阅读其他古诗词，因为有了第一首诗的精细解读，其余部分可以泛读。这种阅读方式的优点在于既有阅读的广度，又有阅读的深度，适用于具有"共同结构"的群文。在这种类型的群文阅读课中，"一篇"的阅读必须厘清文本基本的脉络和结构，为后面的阅读减少障碍。

例如，以"借物喻人"组成群文阅读，教师选择两首教材内的诗歌：陶渊明的《饮酒》、龚自珍的《己亥杂诗》。这两首诗都是通过自然界的事物来喻人，赞美人的或高洁傲岸、或不与世俗同流合污的品格。师生共同解读其中一首，通过阅读与理解发现"物与人的共通之处"，然后带着感悟继续学习，发现其他作品与第一首的相通之处，最后掌握"借物喻人"的知识点，也对全部两首诗有了更深的体会和认知。

（2）群文齐读

"群文齐读"即在群文课堂上，所有学生同时阅读所有文本，每篇文章都同样重要，教师需要在课前对所选文章有充分把握，引导学生读完所有文本后建构共有的群文结构。"群文齐读"的好处在于学生可以阅读大量的古诗词，可以满足课标对学生阅读量的要求，同时多个文本之间的对比阅读也能促进学生思维的发展。

由于群文齐读的阅读量较大，在时间上要求较高，对教师的课堂教学有一定的挑战性。古诗词篇幅短小，字数较少，在群文齐读方面有得天独厚的优势，如《关雎》和《蒹葭》是部编版八年级下册的学习篇目，是《诗经》的经典篇目。《诗经》是我国古代诗歌的开端，对唐诗的发展也产生了深远的影响。《关雎》是一首描写男女恋爱的情诗，写一位"君子"对"淑女"的追求。根据这样的思路，设置教师"《诗经》中的爱情悲喜剧"这一议题，以《关雎》为基准，选取《蒹葭》和《氓》两首诗作为群文选文。

通过群文齐读，学生们发现这三首诗虽然都与爱情有关，但内容不同。《关雎》是爱情初期佳人的相思；《蒹葭》写出了主人公所爱而不得的惆怅与苦闷；《氓》是一首弃妇自诉婚姻悲剧的长诗，打破了人们对爱情的美好幻想，揭示了爱情与婚姻现实的一面。通过群文齐读，学生就能发现爱情不光有单纯的相思、美好纯洁的感情，也有悲情和残忍的一面。这是这节课讨论的重点，让学生对爱情有了更深刻的理解，培养学生树立健康的爱情观。

（3）群文共享

群文共享和群文齐读有许多相似之处，都是学生通过阅读所有文本后产生的对群文的整体把握和共有结构。不同之处在于，群文共享不是所有学生阅读所有文本，而是不同学生阅读不同的文本。学生通过阅读后的交流，分享自己的阅读内容，促进信息交流。群文共享式的组文方式可以使学生在较短的时间内获得大量信息，在获得信息的过程中，师生之间、生生之间的交流与互动的效果会显著提高，并能够提高学生的语言表达能力与合作沟通能力。其局限性在于学生获得信息的方式不是经过自己阅读得来的，而是通过交流分享听来的，在众多信息中建构清晰的结构比较困难。而一旦攻克这一难关，取得的成效将十分显著。

例如，古诗词群文阅读可以根据诗人进行组文，拿苏轼来说，林语堂曾评价苏轼是个秉性难改的乐天派，是悲天悯人的道德家，是政治上的坚持己见者，是月下的漫步者，是诗人。苏轼一生三起三落，历经宦海沉浮的他始终怀着对生活的热情与希望，苏轼的诗词作品中包含着他对世界、人生、苦难、幸福等的看法，我们学习苏轼的词也是学习他旷达自适的处世哲学和人生智慧。苏轼在不同时期创作风格不尽相同，一节群文阅读课难以穷尽，在这种情况下，教师可以采用群文共享式阅读，将作者的人生经历分成各个不同的时期，分成几个小组学习。

教师设置"品东坡词，识东坡人"的议题，选择作者几个重要时期的作品组成群文。首先是入仕之初的《和子由渑池怀旧》，然后是"乌台诗案"前的平静期——九年级上册的《水调歌头（明月几时有）》，最后是被贬黄州时期的《定风波》。以上几首词代表了诗人不同时期的不同生活状态与人生感悟。苏轼一生笔耕不辍，留下了大量词作，在文本众多、内容庞大的情况下，群文共享式阅读的学习方式可以起到事半功倍的学习效果。

（4）合作探究，集体建构

集体建构是群文阅读课的中心环节，也是学生获取知识的关键环节。集体建构的关键是充分发挥集体的力量，不事先确定议题的答案，而是发挥师生的智慧，在教学过程中逐步建构文本的意义。集体建构尊重教师与学生的不同意见，正是有了各自的不同才为新视野、新观点的产生提供了可能性。通过集体建构这一环节，师生形成了真正的学习共同体，交流协商，不断前进。

（5）激发阅读兴趣，提高学生参与度

根据调查问卷可知，群文阅读课堂上超过半数的学生没有真正参与进来，只是做做样子，古诗词集体建构环节缺乏参与度和积极性，是教师缺乏对学生的关注和了解造成的，没有考虑学生的兴趣点和注意力是否在群文课堂上。针对这一问题可以在群文阅读课上做出如下改变。

①巧设群文学习单。

良好的课前预习有利于群文阅读的顺利展开，教师在古诗词群文阅读课前发放阅读学习单，利用学习单进行问题设计，将多首古诗、多个话题元素放在一张表格上进行讨论梳理，这不仅可以形成比较式的阅读，还可以为学生的课前预习提供便利。教师可以采取鼓励的方式，在每节课前，让学生展示自己的学习单，对表现优异的学生给予奖励，对按时完成的学生给予肯定，对完成度不高的学生给予鼓励和指导，从而让每一名学生都能参与进来，为后面的合作探究、集体建构奠定基础。

以李清照的作品群文组诗为例，教师可以根据三首词的景物特点、表现手法和情感表达制作课前学习单，见下表。

| 题目 | 景物特点 | 表现手法 | 情感表达 |
|---|---|---|---|
| 《如梦令（常记溪亭日暮）》 | | | |
| 《一剪梅（红藕相残玉簟秋）》 | | | |
| 《声声慢（寻寻觅觅）》 | | | |

以阅读学习单的情感表达为例，三首词代表了词人不同时期的人生境遇，《如梦令（常记溪亭日暮）》表现了词人少女时期自由快乐的生活，表达了词人热爱生活、热爱大自然的思想感情。《一剪梅（红藕相残玉簟秋）》则抒发了词人对丈夫深深的思念，是一种与爱人分别的相思闲愁。《声声慢（寻寻觅觅）》写于词人晚年时期，表现了她孤独寂寞的忧郁情绪和动荡不安的心境。填写学习单可以直观展示作者的情感变化，了解词人由年少到中年再到晚年创作风格的不同，开展对诗词全面立体的解读。填写学习单可以保证学生有了充分的课前预习，这样再进行集体建构会更加游刃有余。以李清照作品组诗为

例，学生经过讨论和交流，能体会到三首词的情感是逐渐加深的，进而领会到本节群文阅读课的主题。

② 激趣课堂导入。

初中生的注意力随着年级的升高而逐渐稳定，教师在课堂上抓住学生的注意力是教学成功的关键。教师在教学起始阶段应该以学生喜闻乐见的方式导入教学内容，激起学生的阅读兴趣，提高阅读效率，可以通过播放视频动画、课前讲述故事、播放优美的歌曲、配乐朗诵等形式吸引学生的注意力，促使学生更快更好地融入课堂。

例如，学习"走进苏东坡的感情世界"古诗词群文课时，教师课前播放央视纪录片《苏东坡》的节选，这不仅能吸引学生的注意力，而且能补充苏轼的背景知识，有助于学生理解苏词。除视频外，故事导入也是吸引学生注意力的好方法，以李白的送别诗歌为例，教师在群文课程前讲述故事："同学们，今天我们来学习一组古诗，在学习诗歌前，我们先去认识几个人，他们是汪伦和王昌龄以及一些四川的朋友，大家知道这几个人都与谁有关吗？首先我们认识汪伦，传说汪伦是唐朝泾州人……"通过讲故事的形式逐一导出要学习的古诗，增加了教学的趣味性，提高了学生的课堂参与度。

③ 创设课堂活动。

在群文阅读课上，学生有大量的阅读时间，但如果整节课都是学生的阅读、思考和交流，则显得教学方式单一。心理学提倡课堂教学采用有意注意与无意注意相结合的手段促进学生高效学习，教师可以设计多种多样的课堂活动，增加学生的参与度，让他们成为语文课的主角。

表演是一种喜闻乐见的艺术形式，其以往很少与古诗词教学相结合，为了丰富群文阅读，教师可以简化表演形式，将它运用到故事性较强的古诗词中。以"何为叙事诗"的组诗为例，《木兰诗》《十五从军征》《卖炭翁》三首诗的叙事性较强，塑造了鲜活典型的人物形象，教师据此可以通过分组，每组选择一首诗，组内成员根据诗中的人物安排角色、台词、舞台表演，在课堂上分组展示，最后每组派一名学生总结发言，概述人物形象以及表演的主题。古诗词表演能够激起学生阅读古诗词的兴趣，帮助学生理解诗词内容，发展创新思维，不仅丰富了古诗词群文教学流程也改变了学生的学习方式，更拓展了群文阅读的实践形式。

辩论赛是参赛双方就某一问题进行辩论的一种竞赛活动，教师可以简化其形式并应用到古诗词群文阅读的课堂中。群文阅读提倡学生的个性化解读，小组间的交流讨论是开展辩论赛的最佳时机。教师可以根据学生的观点和立场组成正反两个阵营，根据辩论赛的流程交流讨论并组织学生发言。以"入仕还是出仕——千古文人的困惑与矛盾"为议题的群文阅读为例，教师可以采取辩论赛的形式，让学生自由选择持方，根据持方立场选择入仕的诗人及作品佐证自己的观点，反之亦然。这类课堂活动需要学生课前自主学习，收集资料，组织发言，无形中扩展了学生的阅读视野，培养了学生的语文素养。

诗词飞花令原本是古人行酒令时的一个文字游戏，在《中国诗词大会》等节目中也可以看到这种游戏。教师可以把它作为教学活动放入群文阅读课中。以"秋"和"月"的群文阅读为例，教师可以举办有关"秋"或"月"字的飞花令（行酒令）活动，只要学生们能够说出含"秋"或"月"字的诗句即可，对表现优异者给予奖励。飞花令活动能扩大学生的诗词积累，也能锻炼学生的思维反应能力。

群文阅读可以通过以上多种多样的课堂活动，渐渐地让学生感受到阅读的魅力，从而真正喜欢上阅读。

### 3. 集体建构，完善群文教学流程

集体建构依靠群文阅读的教学流程来实现，本章结合具体的教学案例展现两种典型的群文阅读教学流程，它们分别是四步教学法与五步教学法。

（1）四步教学法

四步教学法通常采用"群文齐读"的方式阅读文本，它是指"根据文本之间的相关性建构议题，围绕议题展开对话与讨论，聚集焦点，最后达成共识"。笔者认为，带有故事性的阅读更加贴近学生的阅读习惯，能激发学生的兴趣，把诗词内容"故事化"是行之有效的教学方式。下面笔者选取辛弃疾的三首词作为阅读素材，设计"辛弃疾的家国之思"议题的群文阅读，运用四步教学法来具体操作。

其一，熟悉文本，设立情境。部编版教材课内古诗词阅读有两首辛弃疾的词作，即《破阵子·为陈同甫赋壮词以寄之》《南乡子·登京口北固亭有

怀》，小学学段教材也有《清平乐·村居》，这三首词的创作时间比较接近。据此，笔者用故事线的形式连缀三首词，具体设计如下。

有段时间，辛弃疾隐居在江西上饶一带的乡下。一天，他在乡间散步，远远望去，发现远处有一户人家……

走进一看，听到陌生的话语，那是……

放眼四周，看见了这户人家的三个孩子，老大……老二……

最顽皮可爱的要数……（引导学生阅读并学习《清平乐·村居》）

在感受到了宁静祥和的乡村生活氛围之后，辛弃疾带着既羡慕又哀伤的心情回到了住处，他明白，此时长江以北的大部分地区都被金兵占领，忧国忧民的辛弃疾多么希望全天下的百姓都能够拥有一间这样的茅屋啊！就这样，辛弃疾拿起酒壶，拔出了宝剑……（引导学生阅读并学习《破阵子·为陈同甫赋壮词以寄之》）

几年后，诗人被派往镇江任知府，镇江曾是著名的古战场，众多英雄豪杰在此杀敌报国，建立功勋。在京口（即镇江）北固亭，诗人一时感慨不已，随后吟咏起……（引导学生阅读并学习《南乡子·登京口北固亭有怀》）

其二，抓住关键，建构议题。本节群文阅读课选取了辛弃疾三首有代表性的作品，可以建构"辛弃疾的家国之思"的议题，通过故事线的连接，展开阅读与交流。

其三，围绕议题，展开对话。教师设计几个问题供学生讨论：三首词分别从哪些角度表达了诗人对国家的无限热爱之情？三首词有哪些相同点与不同点？通过阅读与学习这三首词你感受到辛弃疾的"家国之思"了吗？

其四，聚集焦点，凝聚共识。例如，《清平乐·村居》通过描写美好的农家生活表现出作者对农村宁静生活的喜爱，表达了诗人希望国家能早日和平统一，让全国人民都过上"村居"式的幸福生活；《破阵子·为陈同甫赋壮词以寄之》抒发了诗人渴望上阵杀敌，报效祖国的豪情；《南乡子·登京口北固亭有怀》表达了诗人渴望像古代英雄人物一样，金戈铁马，收复山河，为国效力的壮烈情怀。三首词从不同的角度，用不同的写法描绘了一个有血有肉、铁骨铮铮的辛弃疾，我们从中可以体会到诗人的家国之思和对祖国山河的无限热爱。

　　以上群文阅读课的教学设计采用四步教学法进行集体建构，引导学生通过群文齐读的方式熟悉文本，在阅读三首词后，对群文有一定的把握。根据议题组内展开讨论时，教师可以提出建设性的问题，引导学生围绕"辛弃疾的家国之思"展开讨论并进行相关问题的研究，最后得出结论。四步教学法的优点在于可以细化集体建构的教学步骤，使古诗词的群文阅读操作更加高效、便利；缺点在于固定了教学步骤，可能会限制教师的创新性。所以，我们应该辩证地看待这一教学法。

　　（2）五步教学法

　　五步教学法通常采用"群文共享"的方式阅读文本，是指"通过读出主题、阅读概览、片段分享、精彩赏析和主题拓展进行集体建构"。笔者进行过五步教学法的尝试，设计了"读出主题"群文阅读课。因为八年级上册第三单元的学习内容是有关山川自然美景的，这一单元中的古诗文歌颂了清新秀丽的自然风光，所以笔者据此选择本单元的五首唐诗作为阅读素材，设计了"观山川之美，品景物之情"的议题。具体操作步骤如下。

　　其一，读出主题。同学们阅读唐诗五首，读完之后说说你的感受，它们都有哪些特征？

　　其二，阅读概览。这几首诗都是写景的作品，在课堂中我们不要每首诗都做一一详解，每组选择一首，说说你选的诗歌里，景物描写都有哪些？诗人借助景物描写表达了怎样的心境？完成下面的表格。

| 题目 | 诗中的景物描写 | 诗人心中的情感 | 诗歌主题 |
|---|---|---|---|
| 《野望》 | | | |
| 《黄鹤楼》 | | | |
| 《使至塞上》 | | | |
| 《渡荆门送别》 | | | |
| 《钱塘湖春行》 | | | |

　　其三，片段分享。同学们自由选择一首诗，根据表格内容，谈谈你的看法。

　　其四，精彩赏析。同学们挖掘主题阅读，感受诗人的"借景抒情"（小组合作完成对诗人"借景抒情"的解读，并以此展示讨论结果）。

以三小组为例。我们小组解答的是王维的《使至塞上》，诗的首句直接点明了作者的出使之地；在颈联，诗人用"蓬""雁"自比，形容自己像"蓬草"和"归雁"一样，漂泊在外。这两句诗也是全诗的重点句，着重写景，尤其是"大漠孤烟直，长河落日圆"写进入边塞后看到的奇特壮丽的风光，其意境雄浑，画面开阔。尾联写诗人到达目的地后，却没有遇到都护，侦察兵告诉他，都护正在燕然前线。诗句以这样的方式结尾也暗喻了诗人对都护的敬佩之情。全诗既为读者展现了大漠雄奇壮阔的景色，也表达了诗人孤寂、抑郁的心情。最后诗人巧妙地把自己的情绪融化在了对广阔的自然景色的描绘中。

其五，主题拓展。王国维先生曾在《人间词话》中说，"长河落日圆"此种境界可谓千古壮观。请同学们赏析一下这句诗，并看一看其他诗句是否有这样的"点睛之笔"？并结合小组讨论的结果，完成表格，最后说说你们有什么新发现？

本节课的教学设计符合"合作探究，集体建构"的群文阅读教学步骤。教师首先根据主题确定阅读文本；其次分组教学五首诗歌，不需要每位学生在课堂中都读完五首诗，而是组内成员共读一首，然后围绕议题和表格内容在课堂中合作交流，聚焦"借景抒情"，赏析五首诗中的经典诗句并完成每首诗歌的解读；最后各小组充分交流并在课堂内展示学习成果，凝聚共识，拓展主题。在这个过程中，教师要关注学生的诉求，对于内向、不爱发言的学生要加以引导、鼓励，让每位学生都能在小组合作中发光发亮。在教学结束后，教师要总结本节群文阅读课，肯定优点，反思不足，并不断完善讲课方式，真正"让学于生"。以上是五步教学法在课堂集体建构中的应用。

**4. 成果展示，建立群文反馈机制**

学生在古诗词群文阅读中收获的知识与能力可以通过成果展示显现出来。成果展示是检验学习成效的好方法，具体通过以下两种方式。

（1）尊重个性阅读，创新成果展示

群文阅读鼓励学生发现诗词的"不确定性"和"空白之处"，激发学生的创造力和想象力，针对同一个文本进行个性化解读。教师还可以鼓励学生从不同的切入点分析诗词，将诗词中的人物和事件放到不同的背景与环境中去感受，得到诗词的多元解读。

布置课后作业也是展示学习成果的好方法，教师可以将部编版教材的"思考探究"部分作为作业素材。以七年级上册古诗四首为例，"思考探究"的内容是：反复诵读《观沧海》，想象诗人登山临海的情景，说说你产生了怎样的感觉？《天净沙·秋思》中，诗人把富有特征的景物直接组合在一起，营造出特别的氛围。假如你身处其中，面对此情此景，会有怎样的感受？群文阅读教学法更加侧重学生读的感悟，课后作业也应以此为出发点进行设计，上述两个问题都侧重表达学生对诗词的独特理解和把握，所以作业的形式不用局限于书面作业，教师可以布置一些与反思、辩论有关的问题，以"思考探究"为基础，让学生通过查找资料，提取有效信息，提炼出自己的观点，在小组中展示。学生通过组内同学思想的碰撞，进一步完善自己的观点或想法，完成课后作业的过程也是锻炼自身逻辑思维的过程。

（2）重视策略指导，做好阅读反馈

无论哪种策略都应该让学生可知、可感、可用。古诗词群文阅读要求教师重视策略指导，在确定议题、选择文本、集体建构的过程中培养学生的自主学习能力，根据教学内容，举一反三，灵活应对不同文体的阅读内容，真正做到"授人以渔"。此外，教师用巧妙的方式进行阅读反馈可以掌握学生的学习情况，如可以在班级开展"阅读一小时"活动，在校内举办"校园诗词大会""古诗词推荐分享会"等。

此外，还有"经典诗词表演"等活动，教师根据学生的活动参与度，发言次数等判断诗词掌握情况。在教师的策略指导与阅读反馈后，学生不再惧怕学习古诗词，渐渐爱上诗词。

## 三、初中古诗词群文阅读应注意的问题

古诗词群文阅读已经逐渐得到了一线教师和教育研究者的关注，我们经过理论和实践的不断探索，发现在操作过程中有些问题需要注意，否则将失去群文阅读应有的教学效果。

### 1. 处理好群文阅读与单篇精读的关系

单篇精读是传统的古诗词教学经常采用的教学方式，精读教学强调对诗词的字词语言、篇章结构、作者思想内容的教学，脚踏实地地完成每一个知识点

的讲授。而群文阅读教学则要求学生充分利用课堂时间，阅读大量诗词，在课堂上会采用泛读与略读的形式，不会逐字逐句地分析诗词内容。而且，群文阅读围绕议题展开阅读，这种阅读的针对性较强，无法将所有的知识点都纳入讨论的范围。

精读是学生学习古诗词相关知识的基础，逐字、逐句、逐段地分析能让学生拥有深厚的古文功底，达成读懂古代诗词最基本的教学目标。因此，教师若不顾学生的接受程度与诗词基础，盲目地采用群文阅读，必定会导致学生的基础知识掌握不牢，进而对群文阅读产生厌烦心理。所以，教师在采用群文阅读的同时应该实现其与单篇精读的平衡。

**2. 注重群文阅读"共性与个性"的交融**

群文阅读最后一个环节是"达成共识"，此"共识"并不是要求全体学生形成一致的标准答案，而是在集体建构过程中，学生经过激烈的思想碰撞与交流讨论后形成的正确结论。达成共识这个环节不注重结论的一致性，而注重得出正确结论的方法。达成共识要求学生既要关注群文的"共性"，又要有对群文进行"个性化"解读，对于一些议题，答案本身就是见仁见智的，以"出仕还是入仕——千古文人的困惑与矛盾"这一议题为例，陶渊明的《归园田居》《饮酒》《桃花源记》等作品表现了作者躬耕田园、不慕名利、厌弃官场的生活态度。而范仲淹的《岳阳楼记》、辛弃疾的《永遇乐·京口北固亭怀古》、孔子的《论语》等作品都表现了作者积极入仕、渴望建功立业、有所作为的政治抱负。学生对这类议题的解读应从不同的角度思考，寻找自己的阵营，不论赞同"入仕"还是"出仕"，都可以有自己的独特观点和个性化的解读，只要言之有理，能自圆其说均可成立，不必追求达成一致的"共识"。

**3. 防止群文阅读"徒有其名"**

在群文阅读实践中，许多教师盲目贪多，注重群文的数量，忽视质量，粗浅地认为课堂上增加几首古诗就可以达到群文阅读的效果，这是对群文阅读的片面理解。群文阅读真正要提高的是学生思考的品质。通过群文阅读，学生学会思考和创新，懂得诗词间相互联系的逻辑关系，从而提高语文素养。现阶段许多教师认为群文阅读就是多加文章，一节课中加入四五首诗，而不考虑诗词之间的内在逻辑，课堂没有体现群文的教学方式，提问的形式依然以单篇阅读为主。例如：诗中这个字的意思是什么？诗的第二句应该怎么翻译？这首诗运用了什么特殊句式？由此可以看出，教师在课堂上不懂得取舍，缺少群文理念，不关注素材质量，只注重数量，多篇文章的组合缺乏合理性，使每首古诗的学习都如前一首的翻版，反复强调，毫无新意，这样的群文阅读毫无意义。一线教师在群文阅读中应注重质量，启迪学生思想，掌握群文阅读的精髓，防止"徒有其名"的群文阅读。

**参考文献**

[1] 蒋军晶.让学生学会阅读：群文阅读这样做 [M].北京：中国人民大学出版社，2016.

[2] 朱立元.现代西方美学史 [M].上海：上海文艺出版社，1993.

[3] 刘永康.西方方法论与现代中国语文教育改革 [M].北京：人民出版社，2007.

[4] 小威廉姆·E.多尔.后现代课程观 [M].王宏宇，译.北京：教育科学出版社，2000.

[5] 温儒敏.温儒敏论语文教育 [M].北京：北京大学出版社，2010.

[6] 义务教育教科书语文七年级下册 [M].北京：人民教育出版社，2016.

[7] 张向葵，李力红.青少年心理学 [M].长春：东北师范大学出版社，2005.

[8] 叶澜，白益民.教师角色与教师发展新探 [M].北京：教育科学出版社，2001.

[9] 马克斯·范梅南.教学机智 [M].李树英，译.北京：教育科学出版社，2001.

# 初中古诗词群文阅读教学案例

## 吾有陋室，何花种之?

——《陋室铭》《爱莲说》群文阅读教学设计

珠海市斗门区珠峰实验学校　王　月

### 【教材分析】

《陋室铭》与《爱莲说》是部编版语文七年级下册第四单元的内容。本单元的阅读主题为"修身正己"，对于初中生来说，如何才能做到"修身正己"呢? 所谓榜样的力量是无穷的，我们要善于从榜样身上汲取营养，而《陋室铭》与《爱莲说》这两篇古文分别表达了高洁傲岸的情操和安贫乐道的情趣以及洁身自好的高尚人格，都从不同角度表现了中华民族的优秀传统美德，其精神血脉是息息相通的。在两篇课文的教学过程中，教师可以采用比较阅读的方法提升学生语文学习的系统性，这样有利于引导学生感受人物心灵的律动，探寻中国古代知识分子的人格追求。

### 【学情分析】

中华民族历来重视人格塑造和道德培养，教师在语文课程学习中应当挖掘德育内容用以教化启智。七年级第二学期的学生已有初步的文言文阅读基础和鉴赏能力，教师在实际教学过程中应结合疑问，提炼想法，引导他们通过紧扣关键字词来感受人物的精神追求，进而调动学生平日的语文积累来实现群文阅读，真正做到举一反三，由点到面。

## 【教学目标】

（1）探究类比、引用典故在揭示作者价值取向方面的作用。
（2）借助拓展资料，从不同角度感受中华美德以及时代对这些美德的召唤。
（3）感受人物心灵的律动，探寻古代知识分子的人格追求。

## 【教学重难点】

（1）借助拓展资料，从不同角度感受中华美德以及时代对这些美德的召唤。
（2）感受人物心灵的律动，探寻古代知识分子的人格追求。

## 【教学过程】

### （一）由花入题，引发哲思

王国维曾说："以我观物，故物皆著我之色彩。"是啊，自然界的动植物原本没有情感，是多愁善感的人给它们赋予了种种情怀。例如，不畏严寒，暗香浮动的梅花是高洁的志士，亦是报春的使者；深居空谷的幽兰是典雅高贵不染尘埃的象征；唯美清韵的杜鹃无不诉说着美丽与哀伤……那么，花朵不仅可以点缀我们的生活，还富有别样的内涵。假如同学们有一处房屋，你想在门前种什么花来表明自己的追求呢？

### （二）由花及人，心灵探幽

（1）有这样一个人，他在做官期间，命人在官衙一侧挖池种莲，名曰"爱莲池"，他就是北宋哲学家周敦颐，他人品高尚，胸怀磊落，那么他为何偏爱莲花呢？

**明确：**教师通过分析《爱莲说》文本内容，使学生明确周敦颐通过对三种花象征意义的比较与品评，表明三种花象征了不同人群的意义。莲花近于菊，却不像菊那样逃避现实，更不像牡丹，以富贵媚人，从俗从众。莲花出于污浊而不受沾染，被清水洗涤却不显得妖艳，实为花中君子。这也表明了作者的精神追求：他既不愿像陶渊明那样消极避世，又不想同世人那般追名逐利，他只想像莲花一样处污浊世间独一不移，永葆清白操守和正直的品德。所以，他爱莲，即爱的是君子之德。

（2）刘禹锡面江而居，在写下"面对大江观白帆，身在和州思争辩"和"垂柳青青江水边，人在历阳心在京"两副对联后，终获一间只能容一桌、一床、一椅的陋室，请大家探讨：刘禹锡挥毫写下《陋室铭》后，假如他想种些花朵来装点陋室，他会种什么花呢？

**明确：**结合刘禹锡人生经历与写作背景，明确刘禹锡虽处陋室，但凭借自身道德品质的高尚，也能使简陋的居室芬芳馥郁，且结尾处连举三位古人来证明"陋室"不陋，借南阳诸葛亮的草庐、西蜀扬雄的屋舍来对比自己的陋室，目的在于表明作者以这两人为自己的楷模，有和他们一样的德操与才能，所以刘禹锡这种远离嘈杂的音乐、远离伤神的公务的精神境界接近于既像隐居又居于尘世的处世方式，所以大胆猜测，假如他想种花，单从他身居陋室的状况来看，他或许也会同周敦颐一样选择莲花。还有其他可能吗？

**（三）由花联想，思维碰撞**

（1）周敦颐在《爱莲说》中除了写莲花外，还写到了牡丹，很多解释都说牡丹是反衬莲花的，导致很多人对牡丹都不敢喜爱，那么，牡丹真的就只代表贪慕虚荣、追名逐利吗？

**明确：**教师引导学生根据文中"可爱者甚蕃"得知水陆草木之花中值得喜爱的很多，其实作为中国的"国花"牡丹，在唐代是非常受欢迎的，因为牡丹象征着繁荣昌盛，也象征一种尽善尽美的理想人格。刘禹锡就极爱牡丹，具体可见其诗：

① 庭前芍药妖无格，池上芙蕖净少情。唯有牡丹真国色，花开时节动京城。

——刘禹锡《赏牡丹》

② 偶然相遇人间世，合在增城阿姥家。有此倾城好颜色，天教晚发赛诸花。

——刘禹锡《思黯南墅赏牡丹》

③ 今日花前饮，甘心醉数杯。但愁花有语，不为老人开。

——刘禹锡《唐郎中宅与诸公同饮酒看牡丹》

小结：陶渊明爱菊，因为菊蕴含他归隐田园的人生追求；周敦颐爱莲，因为莲代表着他高洁傲岸的品性；刘禹锡爱牡丹，因为牡丹代表着他心中的大唐。所以，刘禹锡的门前还可能会种牡丹花。

（2）儒家思想提倡读书人要"达则兼济天下，穷则独善其身"，你们还知道哪些文人即使屡遭贬谪，即使遭遇压迫，还能洁身自好、积极进取、造福一方百姓吗？

补充拓展：

材料一：少无适俗韵，性本爱丘山。误落尘网中，一去三十年。羁鸟恋旧林，池鱼思故渊。开荒南野际，守拙归园田。

方宅十余亩，草屋八九间。榆柳荫后檐，桃李罗堂前。暧暧远人村，依依墟里烟。狗吠深巷中，鸡鸣桑树颠。户庭无尘杂，虚室有余闲。久在樊笼里，复得返自然。

——陶渊明《归园田居（其一）》

材料二：忽逢桃花林，夹岸数百步，中无杂树，芳草鲜美，落英缤纷。渔人甚异之，复前行，欲穷其林。林尽水源，便得一山，山有小口，仿佛若有光。便舍船，从口入。初极狭，才通人。复行数十步，豁然开朗。土地平旷，屋舍俨然，有良田、美池、桑竹之属。阡陌交通，鸡犬相闻。其中往来种作，男女衣着，悉如外人。黄发垂髫，并怡然自乐。

——陶渊明《桃花源记》

材料三：归去来兮，田园将芜胡不归？既自以心为形役，奚惆怅而独悲？悟已往之不谏，知来者之可追。实迷途其未远，觉今是而昨非。舟遥遥以轻飏，风飘飘而吹衣。问征夫以前路，恨晨光之熹微。

——陶渊明《归去来兮辞》

材料四：人品甚高，胸怀洒落，如光风霁月。

——黄庭坚《豫章集·濂溪诗序》

材料五：自古逢秋悲寂寥，我言秋日胜春朝。晴空一鹤排云上，便引诗情到碧霄。

——刘禹锡《秋词（其一）》

材料六：沉舟侧畔千帆过，病树前头万木春。

——刘禹锡《酬乐天扬州初逢席上见赠》

材料七：嗟夫！予尝求古仁人之心，或异二者之为，何哉？不以物喜，不以己悲，居庙堂之高则忧其民，处江湖之远则忧其君。是进亦忧，退亦忧。然则何时而乐耶？其必曰"先天下之忧而忧，后天下之乐而乐"乎！噫！微斯人，吾谁与归？

——范仲淹《岳阳楼记》

材料八：一封朝奏九重天，夕贬潮州路八千。欲为圣明除弊事，肯将衰朽惜残年。云横秦岭家何在？雪拥蓝关马不前。知汝远来应有意，好收吾骨瘴江边。

——韩愈《左迁至蓝关示侄孙湘》

小结：榜样在前，使命在肩，中国的知识分子不以物喜，不以己悲，先天下之忧而忧，后天下之乐而乐，不管是居庙堂之高还是处江湖之远，他们都坚定执着，把兼济天下作为永远的追求。这群无论身处何等境况都绝不沉沦、绝不逃避的文人，乃是中国知识分子的筋骨和脊梁，值得我们每个人崇敬。

**（四）移花接木，迁移运用**

我们通过探寻周敦颐、刘禹锡们的内心世界，可以发现无论是陶渊明，还是周敦颐，抑或是刘禹锡，他们的人生选择都离不开他们的境遇与时代，只有真正走进他们的内心、靠近他们的灵魂，才能实现与古人对话，这节课我们的探寻只是一个开始，请同学们在准确查找资料的前提下，充分发挥自己的想象，给你崇拜的古人们安排一场会面，想想他们会交流什么？

例如：当陶渊明偶遇刘禹锡……

当周敦颐邂逅范仲淹……

当范仲淹忽逢韩愈……

**（五）温故知新，教后反思**

通过本次群文阅读的教学，感触最深的是教授文言文、古诗词，必须加强备课，不仅包括教材，更要涵盖文史知识、相关资料、作者的为人品格，以提高文本鉴赏的高度，拓宽语文教学的广度。教师不应只局限于字词句的翻译及理解，更不能拘泥于固定的说法及解读，要带领学生不断挖掘文本背后的内涵，做到"不为彼岸只为海"。

# 九年级古诗词复习

## ——唐代边塞诗群文阅读

珠海市湾仔中学　赵媛媛

## 【教材分析】

部编版初中语文教材中的古诗词分课内选篇和课外选篇，共84首，其特点是题材丰富、内容经典、风格多样。它们按照题材类型划分，包括山水田园诗、送别怀人诗、羁旅思乡诗、边塞军旅诗、咏史怀古诗、登临咏志诗、爱情思恋诗等；在风格特质上，或婉约与豪放，或沉郁顿挫与闲适恬淡等多样风格；在朝代跨度上，多先秦《诗经》、乐府民歌、唐诗、宋词、元曲、明清诗词等。教材中众多的古诗词为中学生阅读能力提升和阅读视野拓展提供了基础性文本，也为群文阅读的多样化议题、课本内多篇古诗词重组、课内外篇目组合提供了实施依据。

边塞诗是一种以历代边塞防卫为前提和背景，集中表现边塞各类型题材内容的诗歌。边塞诗的特质表现在具有很强的政治性和社会性、鲜明的边塞地域性、特殊时代性以及深厚文化性。边塞诗在艺术创作方面，别具一格；在思想文化方面，对学生产生重要影响。唐代是边塞诗的高峰期，初中语文教材选编的边塞诗有6首，其中5首是唐代的。虽然题材都是关于边疆地区军民生活和边塞自然风光，但是边塞诗的写作风格迥异。随着唐代的发展兴衰，边塞诗所蕴含的时代精神和思想情感也有所变化。

## 【学情分析】

九年级的学生面临着中考的压力，紧张的学习生活使得课外时间少之又少。除了课本上的篇目，很少有人多读、多背诵课外诗词。在学习策略方面，大部分学生采用从课本注释到语句翻译再到全文背诵的路径。学生对一首首古诗分散地学习，导致知识碎片化、理解肤浅化，而记忆不牢、答题不规范就得不到分数，且容易产生厌学心理。

## 【教学目标】

（1）复习课本中学过的边塞诗，通过整合、比较诗中意象的作用，把握唐代边塞诗的特征。

（2）通过对边塞诗思想感情的分析，感知战争给人们带来的影响，呼吁学生珍惜和守护和平。

## 【教学重难点】

教学重点：复习课本中学过的边塞诗，通过整合、比较诗中意象的作用，把握唐代边塞诗的特征。

教学难点：通过对边塞诗思想感情的分析，感知战争给人们带来的影响，呼吁学生珍惜和守护和平。

## 【教学过程】

### 第一课时

**1. 激趣导入**

教师给学生看一段小视频：边防战士在冰天雪地里巡逻，每一步都陷入厚厚的大雪。他们忍受极寒的天气，艰难前行。忽然，一位脸蛋被冻得通红、僵硬的小战士激动地喊道："我找到界碑啦！"小战士兴奋地拨开界碑上的积雪，笑得格外灿烂。很多网友被小战士的笑容打动，感受到了边防守卫者的深情，写出了"千里踏雪界碑，不畏生死保家国"的评价。在我国的边境，有千千万万的战士守护着国土。在古代，边关要塞也同样需要将士戍守，那么古代的边塞是什么景象呢？今天，让我们一起走进古代的边塞。

**2. 知识回顾**

请同学们回顾一下在初中阶段学过的边塞诗，看看都是什么时代创作的？

明确：《夜上受降城闻笛》（唐代李益）、《逢入京使》（唐代岑参）、《雁门太守行》（唐代李贺）、《使至塞上》（唐代王维）、《白雪歌送武判官归京》（唐代岑参）、《渔家傲·秋思》（宋代范仲淹）。

小结：我们课本中选编的边塞诗大部分是唐代的。唐代有很多边塞诗人，有高适、岑参、李益、王昌龄、王翰、王之涣、杨炯等。今天，我们对课本上选编的这几篇唐代边塞诗进行统整学习，看看唐代边塞诗有什么特点。

**3. 统整学习**

**环节一：探究《白雪歌送武判官归京》的意象之美。**

请同学们齐读《白雪歌送武判官归京》，并思考：这首诗有哪些意象？这些意象有什么作用？学生朗读后，进行小组讨论，并派代表发言。

明确：意象有：北风、白草、飞雪、角弓、铁衣、瀚海、胡琴、琵琶、羌笛、红旗、天山路、马行处。

意象作用：

边塞风光："北风""白草""瀚海""飞雪"勾勒出边塞特有的风光，"白草"写出了西北荒寒的特点，蕴含着离愁别绪和归思之情；八月"飞雪"是与中原截然不同的景象；"北风"加"飞雪"写出了边塞的风雪交加，形容苦寒之地。

奇特景观："千树万树梨花开"，这首诗把"雪"比喻成梨花，写出了塞外雪景的奇贵。梨花和雪花都是白色的，有相似点；春风吹开梨花是作者内心激动的写照，将寒冷萧条的北国风景喻为温馨可爱的江南春色。其虚实结合，联想奇妙，开创了唐诗以苦寒为美的意境。

雄豪之气："角弓不得控""铁衣冷难着""红旗冻不翻"是细节描写，写出现实条件的残酷，体现将士们坚守爱国、威武不屈的精神。"胡琴""琵琶""羌笛"写出军中狂欢的场景。在现实条件如此残酷的情况下，将士们能找到战地生活的乐趣，尽显戍边官兵乐观、昂扬、豪迈的英雄气概。

惜别之情："天山路""空留马行处"运用留白的手法，引发读者无尽思考，表达诗人对朋友的依依不舍，其情韵悠长，余音袅袅。

小结：这首诗以"白雪"为主线，把咏雪和送别巧妙地结合在一起，又抓住具有边塞特点的意象，用奇思妙想勾勒出塞外奇寒的绮丽风光，开创苦寒为美的意境，尽显戍边将士的豪情，同时表达与友人的惜别之情。

环节二：请同学们以小组为单位，按照《白雪歌送武判官归京》的学习方法，讨论另外四首古诗中的意象，并分析这些意象的作用。

在讨论交流过程中，学生把诗中的意象用笔圈画出来，经过讨论后完成下列表格。

| 作品 | 意象 | 作用 | 意境 | 写作手法 |
|---|---|---|---|---|
| 《夜上受降城闻笛》 | 沙、月 | 边塞环境恶劣，战士愁惨凄凉和孤寂之感 | 苍凉旷远 | 比喻 以景写情 |
| | 芦管 | 将士们绵绵不绝的乡愁 | | |
| 《逢入京使》 | 故园、双袖 | 抒发对故土和亲人强烈的思念 | 纯朴自然 | 夸张 |
| | 马上、传语 | 报国与亲情难以两全 | | |
| 《雁门太守行》 | 黑云、甲光、角声、燕脂、半卷红旗、角、鼓 | 大敌压境、敌众我寡、战争艰苦、形势危急，城内守军严阵以待 | 悲壮阴惨 雄健高昂 | 色彩鲜明 烘托渲染 视听结合 虚实结合 |
| | 黄金台、玉龙 | 直抒忠君报国之志 | | |
| 《使至塞上》 | 单车、征蓬、归雁 | 表达孤寂飘零之感 | 空旷 苍凉 气象雄奇 | 比喻 白描 融情于景 |
| | 大漠、长河、烽烟、落日 | 描绘边陲大漠壮阔雄奇的景象 | | |
| | 萧关、都护 | 守边将士敬业 | | |
| 《白雪歌送武判官归京》 | 北风、白草、瀚海、飞雪 | 边塞特有风光，苦寒之地 | 肃杀荒寒 奇特壮丽 雄健高昂 开阔辽远 | 比喻 夸张 色彩鲜明 留白 |
| | 春风、梨花 | 塞外奇丽雪景 | | |
| | 角弓、铁衣、红旗、胡琴、琵琶、羌笛 | 将士坚守爱国威武不屈、苦中作乐、昂扬豪迈 | | |
| | 天山路、马行处 | 对友人依依惜别 | | |

小组汇报结束后，教师对阅读成果做出评价和总结，对不准确的地方予以纠正。

**环节三：请同学们根据以上分析，总结一下唐代边塞诗中常用的意象和意象作用有哪些？**

学生发言，教师点评并补充。

**明确：**边塞诗常用的意象有：

自然景物：秋月、沙漠、归雁、黄河、烽烟、落日、北风、衰草、黑云、雨雪、风沙、碎石等。

战事意象：铁骑、都护、将军、征人、金鼓、旌旗、烽火、戈矛剑戟等。

边塞诗中常用的地名和人名：轮台、天山、瀚海、萧关、居延、受降城、阳关、楼兰、阴山、长城、玉门关等。

乐器：羌笛、琵琶、胡琴、芦管、角、鼓、胡笳等。

意象的作用：

1. 定位诗歌类型。如果语句出现几个边塞诗中常见的意象，该诗基本可判定为边塞诗。

2. 描写景色，渲染氛围，表达诗人的情思。

3. 烘托人物形象。

**小结：**唐代边塞诗意象丰富，题材广阔，有将士建立军功的壮志、边地生活的艰辛、战争的酷烈场面、将士的思家情绪；也有边塞风光、边疆民族风情等。唐代边塞诗意境雄浑、磅礴、豪放、浪漫、悲壮、瑰丽，这也反映出唐代诗人的人生信念、报国志向和战争观。边塞诗多用夸张对比衬托的手法对战争残酷、环境恶劣进行展示，同时更凸显人面对战争时奔涌出的巨大精神力量。下节课我们来分析唐代边塞诗中的思想情感。

## 第二课时

### 1. 导入

这节课我们主要分析唐代边塞诗反映的诗人的思想情感和战争观。按照唐代社会发展由兴到衰的过程，我们拓展几首唐代边塞诗进行分析探究。

**从军行**

杨 炯

烽火照西京，心中自不平。

牙璋辞凤阙，铁骑绕龙城。

雪暗凋旗画，风多杂鼓声。

宁为百夫长，胜作一书生。

**塞下曲六首（其一）**

李 白

五月天山雪，无花只有寒。

笛中闻折柳，春色未曾看。

晓战随金鼓，宵眠抱玉鞍。

愿将腰下剑，直为斩楼兰。

**从军北征**

李 益

天山雪后海风寒，

横笛偏吹行路难。

碛里征人三十万，

一时回首月中看。

**塞上寄家兄**

高 骈

棣萼分张信使希，

几多乡泪湿征衣。

笳声未断肠先断，

万里胡天鸟不飞。

**2. 统整学习：探索唐代边塞诗的思想情感和战争观**

环节一：请同学们从以上四首诗中找出主旨句，并分析作者想要表达的思想情感。

各小组讨论并派代表发言，教师点拨并补充指正。

明确：

| 时期 | 作品 | 作者 | 主旨句 | 思想情感 |
|---|---|---|---|---|
| 初唐 | 《从军行》 | 杨炯 | 宁为百夫长，胜作一书生 | 诗人希望效力边关、为国立功的壮烈情怀 |
| 盛唐 | 《塞下曲六首（其一）》 | 李白 | 愿将腰下剑，直为斩楼兰 | 赴身疆场，为国杀敌，视死如归，保家卫国 |
| 中唐 | 《从军北征》 | 李益 | 碛里征人三十万，一时回首月中看 | 在肃杀苦寒的边塞，思亲怀乡是痛苦的煎熬 |
| 晚唐 | 《塞上寄家兄》 | 高骈 | 笳声未断肠先断，万里胡天鸟不飞 | 消沉悲凉，关边将士不愿离乡征战 |

环节二：请同学们分析数量词在边塞诗中表达的思想内涵，并分析诗人的战争观。

**明确：**

《从军行》中"百夫长"指一百个士兵的头目，指下级军官；"一书生"指一介书生。"宁为百夫长，胜作一书生"的意思是宁愿做一个下级军官在战场杀敌报国，也比做一介书生置身书斋要强。这里的数量词表现出唐代初期人们对驰骋沙场、保家卫国、建功立业的愿望。

《塞下曲六首（其一）》中"五月"在内地是夏季，而天山尚有"雪"。这里的雪是积雪，所以没有漫天飞舞的雪花（"无花"），只有寒气逼人，传达出边塞生活的艰苦。"愿将腰下剑，直为斩楼兰"表达出将士甘愿赴身疆场，为国杀敌的雄心壮志。

《从军北征》这里的数量词"三十万"是夸张手法，写出征人之多，刻画远征队伍在大漠上行军的壮观；"一时回首"表现了唐代中期广大守边将士在肃杀苦寒的边塞，久久不能回家、思亲怀乡的心理。悲壮中显出凄苦，哀怨中显出无奈。

《塞上寄家兄》中"笳声未断肠先断"意思是边塞征人听到胡笳声便思念家，痛苦达到了肝肠寸断的程度。数量词"万里胡天"写出边塞的广阔和遥远；"鸟不飞"表明这地方荒芜萧索，连飞鸟都没有，更不用说人了。这是战争造成的，揭示出晚唐时期战争带给百姓的苦难。

| 时期 | 作品 | 主旨名 | 战争观 |
|------|------|--------|--------|
| 初唐 | 《从军行》 | 宁为百夫长，胜作一书生 | 颂战 |
| 盛唐 | 《塞下曲六首（其一）》 | 愿将腰下剑，直为斩楼兰 | 尚战 |
| 中唐 | 《从军北征》 | 碛里征人三十万，一时回首月中看 | 怨战 |
| 晚唐 | 《塞上寄家兄》 | 笳声未断肠先断，万里胡天鸟不飞 | 休战、反战 |

我们由以上分析可以看出，唐代诗人对战争的态度变化过程，由崇尚向往到厌恶痛恨。唐人由颂战、尚战到怨战、休战、反战，是因为国力由盛而衰，君主统治不力造成的。通过诗歌的赏析，我们可以窥见一个朝代的兴亡史。

小结：通过这两节课的探究学习，我们对唐代边塞诗有了一个系统认识：

题材广泛，意象丰富，意境多样，充满着浓厚的家国意识和民族情怀。这是组成中华优秀传统文化的一部分。即使到了科技发达的今天，国防事业仍然面对许多挑战。因此，我们更应该热爱祖国，珍惜和平生活，努力学习，提高素质，将来为祖国做贡献。

同学们可以根据边塞诗群文阅读的方法，举一反三，将它运用到"山水田园诗""送别诗""怀古诗""登临诗""爱情诗"等其他类别的诗歌中去。

## 【教学反思】

语文学科的课改进入了"大单元教学""群文教学"的时代。群文阅读是一种以议题学习为驱动，通过多个文本的交互作用，实现问题和意义建构的阅读行为，旨在通过整合、联结、比较等活动设计实现学生的深度阅读，促进学生关键能力的形成，提升学生的语文素养。

本课第一课时采用"1+X"群文阅读策略教学古诗词，符合部编版教材从教读、自读到课外"三位一体"阅读教学体系的要求。初中课本的古诗词多以"创作时代""体裁"为选编依据，限制了古诗词鉴赏的范围和学习的深度，所以需要创新群文阅读的议题，进行文本重组。由于部编版初中语文教材中的边塞诗比较分散，所以笔者以"探究唐代边塞诗的意象与作用"为议题，把教材的边塞诗整合为一个学习任务，让学生对"边塞诗"这一核心概念的理解更加系统完整和清晰。

本课第二课时拓展初中课本以外的四首唐代边塞诗，形成边塞诗阅读群。这节课的议题是"探索唐代诗人的战争观"，途径是分析诗歌中数量词所表达的思想情感。通过这个活动，学生对作品进行赏析、比较、归纳，从中体会唐代诗人的战争观，从而感知战争给当时人们带来的影响。九年级学生处于"三观"形成的关键成长期，因此教师要引导学生正确看待今天的国防事业，珍惜和平生活。

# 《饮酒（其五）》教学设计

珠海市凤凰中学　金洪源

## 【教材分析】

　　《饮酒（其五）》是部编版语文八年级上册教材第六单元的教学内容。本单元是古诗文单元，分别有《〈孟子〉二章》（《富贵不能淫》《生于忧患，死于安乐》）、《愚公移山》、《周亚夫军细柳》、《诗词五首》〔《饮酒（其五）》《春望》《雁门太守行》《赤壁》《渔家傲（天接云涛连晓雾）》〕。这几篇古诗文都关涉人的品格和志趣。《〈孟子〉二章》以睿智雄辩论述人生的理想与担当；《愚公移山》以生动的寓言故事寄寓人生不凡的追求；《周亚夫军细柳》则通过刻画生动的细节来彰显人物的光辉品格；《诗词五首》抒写了人生感悟与思考。

　　《饮酒（其五）》是陶渊明的代表作，全诗借菊、南山、飞鸟、落日等景观，抒发恬淡安适、隐居避世的情思。

## 【学情分析】

　　《义务教育语文课程标准（2022年版）》要求第四学段的学生能够"诵读古代诗词，阅读浅易文言文，能借助注释和工具书理解基本内容。注重积累、感悟和运用，提高自己的欣赏品味"。初二年级的学生已经有了不少的古诗词储备，可以借助注释阅读比较浅易的古诗词，但是想让学生与作者共情，难度还是比较大。

　　有鉴于初中生的知识与阅历还比较浅，面对学生与读者的差异化，教师可以采用群文阅读的方式，让读者深度代入其中，真切感受作者的情感。

## 【教学目标】

（1）了解陶渊明的人物形象。

（2）感悟诗人淡泊名利、回归自然的人生态度。

## 【教学重难点】

（1）感悟诗人的隐逸之情。

（2）体会诗歌语言的平静、冲淡之美。

## 【教学过程】

### （一）导

周敦颐在《爱莲说》中提到"晋陶渊明独爱菊"。陶渊明与菊花在南山下的相遇成为文学史上熠熠闪光的不朽存在。今天，我们共同学习《饮酒（其五）》，来看看千年前他们那次偶然的相遇。

### （二）读

默读：同学们结合注释默读《饮酒（其五）》，弄懂含义，不理解的地方请做好标记。

诵读：出声诵读，找到自己最喜欢的一句，并尝试说说为什么喜欢这一句。

### （三）悟

学生1：我喜欢前几句"结庐在人境，而无车马喧。问君何能尔？心远地自偏"。一问一答，作者像是在自言自语。我们通常感觉隐士应该隐居在深山老林、人迹罕至的地方，但是陶渊明却反其道而行，偏偏要隐居在喧嚣扰攘的尘世。这就很奇怪，我觉得陶渊明这个人不寻常。为什么会这样呢？他自己的答案是"心远"。也就是说，他觉得外在的环境是不重要的，不是人隐居，而是心灵的隐居。

学生2：我喜欢"采菊东篱下，悠然见南山"这两句。我之前读过李清照的一首词，我很喜欢里边的"东篱把酒黄昏后，有暗香盈袖"，这样的画面很唯美、很和谐。读完陶渊明的诗之后，虽然同是饮酒作诗，但我觉得陶渊明这两句更多了一份自由、高雅、清淡，少了一些浓郁的成分。

学生3：我喜欢最后的几句，尤其是"山气日夕佳，飞鸟相与还"。这两句其实是描绘了一幅黄昏时刻飞鸟相伴还家的画面，这个画面温馨和谐，好像鸟儿也要归隐了，这个时候的鸟儿是不是作者自己呢？"此中有真意，欲辨已忘言"，这个时候的陶渊明仿佛又化身为哲人，但是这个哲人也是矛盾的，或者说是面对如此美景有了一些词穷的感觉。

**（四）联**

出示：

少无适俗韵，性本爱丘山。误落尘网中，一去三十年。羁鸟恋旧林，池鱼思故渊……久在樊笼里，复得返自然。[《归园田居（其一）》]

种豆南山下，草盛豆苗稀。晨兴理荒秽，带月荷锄归。[《归园田居（其三）》]

先生不知何许人也，亦不详其姓字，宅边有五柳树，因以为号焉。闲静少言，不慕荣利。好读书，不求甚解；每有会意，便欣然忘食。性嗜酒，家贫不能常得。亲旧知其如此，或置酒而招之；造饮辄尽，期在必醉。既醉而退，曾不吝情去留。环堵萧然，不蔽风日；短褐穿结，箪瓢屡空，晏如也。常著文章自娱，颇示己志。忘怀得失，以此自终。（《五柳先生传》）

余家贫，耕植不足以自给。幼稚盈室，瓶无储粟，生生所资，未见其术。亲故多劝余为长吏，脱然有怀，求之靡途。（《归去来兮辞并序》）

教师：请同学们跳读以上材料，选择自己感兴趣的部分，尝试联系《饮酒（其五）》一诗，看看它们之间的关系。如《归园田居（其一）》中说："少无适俗韵，性本爱丘山。误落尘网中，一去三十年。"这一首诗中陶渊明就明确说了他喜爱自然，三十年的生活被他用一个"误"字概括。也正是如此，他的隐居才顺其自然。

学生4：《归去来兮辞·并序》中说他家贫，不能自给自足，孩子多，没有粮食，所以才会做官任职。做官致仕并不是他内心的渴求，所以后来辞官隐居是可以理解的。

学生5：《五柳先生传》是他的自传，这里我们可以看到他是一个爱喝酒的人，是一个洒脱的、没有太多拘束的人。

学生6：《归园田居（其三）》中也提到了南山，这里是他的隐居之所，因为他在这里还种植了庄稼，只不过这个庄稼还没有草长得好，但这也是他从早干到晚努力种田的结果。他的付出与结果的巨大反差也说明了陶渊明的自由不羁。

## 【教学反思】

《饮酒（其五）》只是一首小诗，文辞优美，内容精短。学生对背后蕴含的作者隐居之态可能比较难以感同身受，因此教师引入了陶渊明的其他作品，很显然有些同学的古诗文功底还不够扎实，一时之间比较难全部接受。但是所选材料可以让学生对陶渊明有一个更深刻、更全面的了解，这也对学生日后的学习有所帮助。

# 且吟且悟，如遇美兮

## ——《古代诗歌五首》教学设计

珠海中山大学附属中学　　刘文娟

## 【教材分析】

《登幽州台歌》表达在亘古不变的时空中，生命短暂、时不我待的事理悲情。

《望岳》蕴含不畏艰险、勇于攀登、积极进取的精神。

《登飞来峰》表现诗人年少气盛，抱负不凡，具有远大的政治理想。

《游山西村》喻指人在困境中坚持下去，终究会出现豁然开朗的境界。

《己亥杂诗（其五）》表现诗人虽然脱离官场，但依然关心国家命运，不忘报国之志。

## 【学情分析】

本单元要教会学生关注人文主题，感受古诗丰富的人生哲理，激发学生对人生、祖国的关注。由于平时学生的古诗积累太少，教师通过"1+X"模式让学生从多角度来进行群文阅读，让学生关注相关语文要素，引导学生运用横纵向比较的阅读方法，分析作品之间的相同或不同之处，培养学生的求同思维和求异思维，加深对古诗文本的理解。

## 【教学目标】

（1）知人论世，了解诗作的创作背景。
（2）低吟浅诵，感悟诗歌的韵律之美。
（3）理情悟理，领略古诗的情感哲理。

## 【教学重难点】

（1）低吟浅诵，感悟诗歌的韵律之美。
（2）理情悟理，领略古诗的情感哲理。

## 【教学过程】

（一）题目导入

解读关键词之"群""文""阅""读"，引出学习目标：

群——诗之群、言之群、志之群。

文——对话文字、对话文人、对话文化。

阅——比较阅读、异中求同、同中求异。

读——读景、读情、读理、读己。

（二）知人论世，美在志趣

### 登幽州台歌

陈子昂

前／不见／古人，后／不见／来者。念／天地／之／悠悠，独／怆然／而／涕下！

## 游山西村

### 陆 游

莫笑／农家／腊酒浑，丰年／留客／足鸡豚。山重／水复／疑无路，柳暗／花明／又一村。

箫鼓／追随／春社近，衣冠／简朴／古风存。从今／若许／闲乘月，拄杖／无时／夜叩门。

## 己亥杂诗二首

### 龚自珍

九州／生气／恃风雷，万马／齐喑／究可哀。我劝／天公／重抖擞，不拘／一格／降人材。

浩荡／离愁／白日斜，吟鞭／东指／即天涯。落红／不是／无情物，化作／春泥／更护花。

## 登飞来峰

### 王安石

飞来／山上／千寻塔，闻说／鸡鸣／见日升。不畏／浮云／遮望眼，自缘／身在／最高层。

## 望 岳

### 杜 甫

岱宗／夫如何？齐鲁／青未了。造化／钟神秀，阴阳／割昏晓。

荡胸／生曾云，决眦／入归鸟。会当／凌绝顶，一览／众山小。

**（三）低吟浅诵，美在韵律**

朗读者：汪紫嫣、钟颖、刘笑笑、汪子衿、蔡慈欣。

**（四）理情悟理，美在语言**

**1. 探幽诗人的内心世界——中年诗人的"独孤情怀"**

（1）陈子昂——孤愤抑郁、渴遇贤君（悲愤低沉）

幽州台，你见证了一个＿＿＿＿＿＿＿＿的陈子昂。

示例：一个在浩渺宇宙中孤独苦闷低头沉思的陈子昂；一个为不能实现人生价值而怆然涕下的陈子昂；一个有着积极人生追求渴望建功立业的陈子昂。

### 江 雪

柳宗元

千山鸟飞绝，万径人踪灭。孤舟蓑笠翁，独钓寒江雪。

### 竹里馆

王 维

独坐幽篁里，弹琴复长啸。深林人不知，明月来相照。

"孤独"是一种心境，是一种感伤，更是一种超然。

如：

众鸟高飞尽，孤云独去闲。

无言独上西楼，月如钩。

花间一壶酒，独酌无相亲。

墙角数枝梅，凌寒独自开。

独在异乡为异客，每逢佳节倍思亲。

独怜幽草涧边生，上有黄鹂深树鸣。

### 十一月四日风雨大作（其二）

陆 游

僵卧孤村不自哀，尚思为国戍轮台。夜阑卧听风吹雨，铁马冰河入梦来。

（2）陆游——沉静稳重、永葆初心（乐趣哲理）

（3）龚自珍——忧心如焚、矢志报国（忧伤积极）

龚自珍离别的愁绪和回归的心情交织在一起，既有"浩荡离愁"，又有"＿＿＿＿＿＿＿"；既有＿＿＿＿＿＿＿，又有广阔天涯。两个画面互为映衬，是诗人当日最真实的写照。而后两句"＿＿＿＿＿＿＿＿＿＿＿＿＿＿"更表现出诗人超凡脱俗的宽广胸怀。掉落的花瓣并不冷酷，消融在泥土中以更好地保护盛开的花朵。诗人以此自喻，虽然脱离官场，但依旧不忘报国之志。

**2. 探幽诗人的内心世界——青年诗人的"壮志豪情"**

（1）通过《望岳》，你望到了一个怎样的杜甫？

（2）比较杜甫的《望岳》和《春望》，望岳是"望"，春望也是"望"，但望春之心境和望岳之心境却天差地别，请紧扣最能打动你的诗句说说你的理解。

**示例**：我望到了一个既能领略泰山的高远幽深又不怕困难敢于登顶的杜甫；望到了一个既赞美泰山神奇秀丽又热爱祖国大好河山的杜甫；望到了一个既有俯视一切的雄心气魄又有卓然独立和豪情壮志的杜甫。

（3）杜甫、王安石——年少气盛、抱负不凡（慷慨高昂）。

"浮云"这个词的意象有三层：

一是指遮蔽阻挡，如"总为浮云能蔽日，长安不见使人愁"。

二是指漂流无定，如"浮云游子意，落日故人情"。

三是指变化无常，比喻变化之快，如"天上浮云入白衣，斯须改变如苍狗"。

（4）如果两位青年才子穿越时空相遇了，你认为他们会在朋友圈里发一幅什么图片，配上什么文字呢？

杜甫：我要登上泰山之顶，望齐鲁大地，望……望……望……

王安石：我要登上飞来峰，不怕浮云遮我眼，不怕……不怕……

**3. 哲理名句，活学活用**

（1）"神舟十一号"载人飞船在中国酒泉卫星发射中心发射成功，让全世界再次感受到了中华民族"＿＿＿＿＿＿＿"的雄心与气概。

（2）诗歌是一轮明月，照亮了我们的生命。路遇重山叠水，陆游在《游山西村》里智慧地告诉你"＿＿＿＿＿＿＿"。

（3）有人用诗为落花立言，倾吐心曲，表现崇高的献身精神的诗句来表达一位退休老教师仍然关心青年教师成长的行为的赞扬。这句诗是"＿＿＿＿＿＿＿＿＿＿＿"。

## 【板书设计】

青年杜甫、王安石：年少气盛、抱负不凡（慷慨高昂）

中年陈子昂：孤愤抑郁、渴遇贤君（悲愤低沉）

中年陆游：沉静稳重、永葆初心（乐趣哲理）

晚年龚自珍：忧心如焚、矢志报国（忧伤积极）

## 【教学反思】

本节课通过朗读、比较的读书方法，使学生能在教师的指导下找出古诗的美。例如，志趣之美，美在抱负不凡，美在渴遇贤君，美在永葆初心，美在矢志报国；韵律之美，美在押韵和谐，美在对仗整齐，美在平仄相见，美在天籁之音；语言之美，美在中年诗人的"独怆然而涕下"，美在青年杜甫的"一览众山小"，美在改革家的"不畏浮云遮望眼"，美在山西村的柳暗花明，美在天涯游子的花开花落；古诗之美，美在凝聚着诗人之情志，美在承载着文人之魂魄，美在薪火相传的民族精神。这种方法能使课堂目标达成。

# 困境人生，博大情怀

## ——《江城子·密州出猎》古诗词群文阅读

珠海新世纪学校　林　颖

## 【教材分析】

《江城子·密州出猎》《破阵子·为陈同甫赋壮词以寄之》《满江红（小住京华）》《过零丁洋》《别云间》这五首古诗词都是九年级下册课文要求背诵的内容，它们有一个共同点：遭遇被贬、亡国等困境，它们共同展现了责任，展现了主人公的博大情怀。

## 【学情分析】

古诗词阅读是提升学生个人文化素养的重要阅读方式，日常单篇式的古诗文阅读往往把古诗词机械地割裂开来，难以构建古诗词阅读的知识网络。九年级的学生已有一定的古诗文阅读基础，在本阶段，应该实现"1+X"的同类迁移学习，从而更能增强对古诗词的把握能力。

## 【教学目标】

（1）知人论世，体会词中作者的情感。

（2）组诗联读，领悟诗人精神世界，提高自身文化素养。

## 【教学重难点】

教学重点：知人论世，体会词中作者的情感。

教学难点：组诗联读，领悟诗人精神世界，提高自身文化素养。

## 【教学过程】

### （一）导入

他是中国历史上难得一见的旷世奇才，人们激赏他的文采之美，更赞叹他豁达的心胸和积极的人生态度。林语堂说他"是一个不可救药的乐天派"。他就是苏轼。《定风波》正充分体现了他这一精神特质。

### （二）知人论世，解读诗词

**1. 了解写作背景**

《江城子·密州出猎》写于苏轼密州通判任上。苏轼在熙宁四年（1071）因对王安石变法持不同政见而自请外任。朝廷派他去当杭州通判，三年任满转任密州太守。熙宁八年（1075），密州蝗旱灾害相连，而西北方的西夏又不断袭扰边境。爱国心切、一贯主张抗敌御侮的苏轼，年届不惑而雄心勃勃，在贬官外任中，不但尽力解除人民的疾苦，而且时刻准备要驰骋疆场，为国效力。这首词是他与同僚出城打猎时所作。

**2. 朗读诗词**

谈一谈：你们看到了一个怎样的主人公形象？结合具体词句说明你的理由。

江城子·密州出猎

苏 轼

老夫聊发少年狂，左牵黄，右擎苍，锦帽貂裘，千骑卷平冈。为报倾城随太守，亲射虎，看孙郎。

酒酣胸胆尚开张。鬓微霜，又何妨！持节云中，何日遣冯唐？会挽雕弓如满月，西北望，射天狼。

**示例**：词人以"老夫"自称，表现了词人对人生易老的感慨，但"亲射虎，看孙郎"却又表现出了词人要像孙权那样射杀猛虎的豪情。

"持节云中，何日遣冯唐？"词人用典，希望朝廷能重用自己，"何日"表达了词人渴望建功立业的紧迫感，也表达了词人怀才不遇的无奈和希望得到重用的报国之志。

"射天狼"就是赶走外来侵犯的敌人，表达了词人为国效力、抵御外敌、建功立业的决心和更好地报效祖国的思想。

**小结**：由同学的分析中我们可以知道，苏轼在面对他的困境人生时，他的态度是豁达、恣意、乐观的，这首词通过描写一次出猎的壮观场面，借历史典故抒发词人为国杀敌的雄心壮志，表达了其为国效命的坚定决心和爱国思想，并委婉地表达了期盼得到朝廷重用的愿望。

**（三）迁移阅读**

从古至今，许多文人在面对自己的困境时，会有不同的人生选择，朗读以下诗词，借助写作背景，结合诗句，谈谈他们的面对方式。（独立思考—小组讨论—展示）

### 破阵子·为陈同甫赋壮词以寄之

[宋] 辛弃疾

醉里挑灯看剑，梦回吹角连营。八百里分麾下炙，五十弦翻塞外声，沙场秋点兵。

马作的卢飞快，弓如霹雳弦惊。了却君王天下事，赢得生前身后名。可怜白发生！

写作背景：《破阵子·为陈同甫赋壮词以寄之》写于淳熙十五年（1188）左右，辛弃疾退居江西上饶之时。淳熙八年（1181），辛弃疾在两浙西路提点刑狱公事任上，被人弹劾罢官。他不得已赋闲在上饶带湖。陈同甫，名亮，也是主张北伐的爱国志士。他与辛弃疾是志同道合的朋友，二人经常书信往来，诗词唱和。这首词就是辛弃疾寄给陈亮的。

"醉里挑灯看剑，梦回吹角连营"喻指作者怀才不遇，报国无门，所以借酒消愁，体现出词人强烈的杀敌报国、驰骋疆场的愿望。

## 满江红

### 秋 瑾

小住京华，早又是中秋佳节。为篱下黄花开遍，秋容如拭。四面歌残终破楚，八年风味徒思浙。苦将侬强派作蛾眉，殊未屑！

身不得，男儿列，心却比，男儿烈。算平生肝胆，因人常热。俗子胸襟谁识我？英雄末路当磨折。莽红尘何处觅知音？青衫湿！

写作背景：《满江红》是秋瑾在光绪二十九年（1903）中秋节的述怀之作。时作者与丈夫寓居北京，她目睹了民族危机的深重和清政府的腐败，决心献身救国事业，而其丈夫却无心国事。中秋节，秋瑾与丈夫王廷均发生冲突，离家出走，寓居北京阜成门外泰顺客栈。后虽由吴芝瑛出面调解，但秋瑾下决心冲破家庭牢笼，投身革命，不久便东渡日本留学。

"为篱下黄花开遍，秋容如拭"写出了诗人冲破牢笼后兴奋而又愁苦的心理。

"身不得，男儿列，心却比，男儿烈""算平生肝胆，因人常热"表达了诗人投身革命、报效国家的强烈愿望。

## 过零丁洋

### ［宋］文天祥

辛苦遭逢起一经，干戈寥落四周星。

山河破碎风飘絮，身世浮沉雨打萍。

惶恐滩头说惶恐，零丁洋里叹零丁。

人生自古谁无死？留取丹心照汗青。

写作背景：这首诗见于文天祥《文山先生全集》，当作于祥兴二年（1279）。祥兴元年（1278），文天祥在广东海丰北五坡岭抗击元军，兵败被俘，押到船上，次年正月囚禁文天祥的船队经过零丁洋时，元军一再强迫文天祥写信招降在海上坚持抵抗固守崖山的南宋将领张世杰、陆秀夫等人，文天祥不从，便出示此诗以明志节。

《过零丁洋》通过文天祥追忆自己抗元的艰辛经历，表现了诗人的忧国之痛和愿意以死明志，为国捐躯的豪情壮志。

**别云间**

夏完淳

三年羁旅客，今日又南冠。

无限山河泪，谁言天地宽。

已知泉路近，欲别故乡难。

毅魄归来日，灵旗空际看。

写作背景：弘光元年/顺治二年（1645），夏完淳15岁，从父允彝、师陈子龙在松江起兵抗清。兵败，其父允彝自沉于松塘而死。夏完淳与其师陈子龙继续坚持抵抗。次年夏完淳与陈子龙、钱旃歃血为盟，共谋复明大业，上书鲁王（朱以海），鲁王遥授夏完淳中书舍人，参谋太湖吴易军事。永历元年/顺治四年（1647）夏，作者因鲁王遥授中书舍人之职而上表谢恩，为清廷发觉，遭到逮捕，被解送南京。《别云间》即是作者在被解送南京前，临别松江时所作。

这是诗人在故乡被清兵捕获时所作的一首悲壮慷慨的绝命诗。全诗抒发了诗人对故乡的深深眷恋，对国破身亡的悲痛和誓死不屈的决心，表现了诗人大无畏的英雄气概和炽热的爱国热忱。

小结：这几位诗人在困境面前看似有不同的人生选择，或乐观，或悲伤，或决然，但他们的人生选择又是一样的，他们同样坚守着自己的责任，为国家、民族做出自己的努力，展露了忧国忧民的博大情怀。

**（四）拓展训练**

如果你是一名编辑，除了以上几首诗词之外，你还会给这部诗集汇编哪些诗词篇目？请说说理由。

## 【教学反思】

这节课的设计体现了"主题式阅读"和"群文阅读"两个概念，是笔者的一次不成熟的尝试。经过课堂实践发现，该教学设计仍存在需要探讨和提高之处：一是作为一节古诗词鉴赏课，课堂里应更多一些语文味和诗情画意，在这一方面还需要进一步提升；二是对学生的预判不足，主题式古诗文阅读学习较以往单篇式阅读学习难度更大，对学生的能力要求更高，尤其是合作探究环节需要学生加强深度学习，也需要做好充分的预习。在以后的教学实践中，笔者将继续探索主题式古诗文阅读教学的模式，帮助学生扩大阅读面，增加阅读量，提高阅读质量，以提升阅读素养。

# 古诗里的思乡爱国情怀

## ——《闻王昌龄左迁龙标遥有此寄》群文阅读教学设计

珠海市金鼎中学　胡　勇

## 【教材分析】

思乡怀人组诗《闻王昌龄左迁龙标遥有此寄》《次北固山下》《天净沙·秋思》出自部编版七年级上册第一单元第4课。单元目标要求学生学习本单元，要重视朗读课文，想象文中描绘的情景；揣摩和品味语文，体会表达效果。古诗里的思乡爱国情怀贴近学生实际，易于学生把握和理解，能够实现"1+X"的同类迁移学习，建构古诗文阅读知识网络。本节课意在通过基于单元意识的阅读教学实践，使学生扩大阅读面，增加阅读量，提高阅读品位。

## 【学情分析】

阅读是学生的个性化行为，初中阶段的学生对古诗文阅读已有一定的认知。日常单篇式的古诗文阅读往往把古诗文机械地割裂开来，难以建构古诗文阅读知识网络，实现"1+X"的同类迁移学习有一定的难度。

## 【教学目标】

（1）有感情地朗读古诗词，整体把握诗词内容。

（2）组诗联读，感知诗词中的意象，分析艺术表现手法。

（3）感悟古诗里的思乡爱国情怀，提高思想道德修养和审美情趣。

## 【教学重点】

（1）有感情地朗读古诗词，整体把握诗词内容。

（2）组诗联读，感受诗词中的意象，分析艺术表现手法。

## 【教学难点】

感悟古诗里的思乡爱国情怀，提高思想道德修养和审美情趣。

## 【教学方法】

诵读法、讲授法、谈论法。

## 【学习方法】

问题学习法、自主合作探究法。

## 【教学手段】

多媒体设备、前置作业。

## 【教学过程】

### （一）激趣导入

语言激趣，让学生聆听，进入学习情境。

设计意图：创设情境，激趣学习。

### （二）读诗要领

回顾阅读整首诗的方法。教师提问：阅读一首诗，我们可从哪些方面入手？

设计意图：通过联系旧知、交流阅读古诗词的方法使学生做到明确要领，丰富积累。

（三）考点链接

（1）出示古诗词鉴赏题，明确考点。

（2）归纳考情。常考查描绘画面（意境）、赏析句子、理解内容、领悟情感及品味炼字这五大考点。重点考查教材课内精读篇目。

**设计意图：**知晓考题，明晰考点。让学生熟悉古诗词常考题型及考点。

（四）组诗联读

**1. 朗读思乡怀人组诗：《闻王昌龄左迁龙标遥有此寄》《次北固山下》《天净沙·秋思》**

布置任务：朗读组诗，梳理各诗中选用的意象、使用的技巧、抒发的情感，并填写表格。

提问：组诗在选用意象、使用技巧、抒发情感方面有哪些共性特点？

**设计意图：**学生朗读组诗，圈点勾画，填表。建立主题阅读任务，培养收集、处理信息的能力。

**2. 发散思维**

（1）再读《次北固山下》，要求学生找出蕴含哲理的诗句。

（2）思考类似蕴含哲理的诗句还有哪些，说一说。

**设计意图：**发散思维，建立"1+X"阅读模式。

（五）达标训练

**1. 阅读《天净沙·秋思》《次北固山下》，解答对应题目**

（1）要求学生尝试用梳理的意象、技巧、情感等知识来答题。

（2）师生共同解题，根据答案，归纳解题思路。

（3）归纳常考题型以及鉴赏四要点。

**2. 课堂小结**

**设计意图：**整体感知，学以致用，培养自信，提高能力。

（六）合作探究

阅读爱国组诗：苏轼《江城子·密州出猎》、辛弃疾《破阵子·为陈同甫赋壮词以寄之》、文天祥《过零丁洋》。

要求：从爱国组诗任选一首，尝试从不同角度出两道赏析题，提供参考答案。

设计意图：提高学生欣赏文学作品的能力。出题、解题，展示交流，强调合作精神。培养学生策划、组织、协调和实施的能力。

（七）作业布置

请你从学过的古诗词中提取一组送别诗（至少三首），尝试从不同角度出题并解答。

设计意图：教师确定主题，再次建立主题阅读任务，引导学生鉴赏，通过古诗文阅读技能训练，提升学生语文素养。

## 【板书设计】

古诗里的思乡爱国情怀

一看诗歌题材类别；

二析诗歌意象意境；

三感诗歌中心情志；

四赏诗歌语言魅力。

## 【教学反思】

在群文阅读教学中，我们要给学生一个"交流的课堂"，群文阅读教学是教师、学生和文本交互作用的过程，是在交互中产生新视界的融合的过程。群文阅读从真正意义上实现"文本对话""师生交流"和"生生交流"，给学生一个"开放的课堂"，使教学不仅仅是一种告诉，更多的是学生的一种体验、探究和感悟。在群文阅读教学中，教师不倾向于告诉学生固定的答案，而是组织学生一起围绕文本进行建构。给学生一个"快乐的课堂"，群文阅读的课堂把阅读的自主权还给学生，教师仅仅是学生的引导者、陪伴者，突出学生的主体地位。这节课的不足之处还是教师占据了主导地位，今后要把课堂话语权还给学生。

# 困境中的诗意人生

## ——《江城子·密州出猎》《定风波（莫听穿林打叶声）》 古诗词群文阅读教学设计

### 珠海市平沙三中　蓝　倩

## 【教材分析】

《江城子·密州出猎》是人教版九年级下册第三单元第4课《词四首》中的一首豪放词。本单元所选课文都是古代文学的经典之作。它们有论述人生理性抉择的《鱼我所欲也》，有叙述不畏强暴故事的《唐雎不辱使命》，有描述少年时求学艰辛的《送东阳马生序》，有不同时代词人抒发壮志豪情的《词四首》。学习本单元，教师要引导学生领悟古诗文的思想内涵和艺术特色，感悟作品的积极精神，从中得到有益的启示，要使学生立足于现代社会，审视作品的当代意义。在教学中，教师要把握每篇作品的创作背景、体裁特点和不同风格，引导学生在诵读中熟悉课文，加深对作品内容的理解，培训学生的语感。《江城子·密州出猎》是苏轼创作的一首豪放词，这也是苏轼创作的第一首豪放词。苏轼在熙宁四年（1071）因对王安石变法持不同政见而自请外任。朝廷派他去当杭州通判，三年任满转任密州太守。这首词于熙宁八年（1075）冬与同僚出城打猎时所作，表达了强国抗敌的政治主张，抒发了渴望报效朝廷、建功立业的壮志豪情。《定风波（莫听穿林打叶声）》这首记事抒怀之词作于宋神宗元丰五年（1082）春，当时是苏轼因"乌台诗案"被贬为黄州（今湖北黄冈）团练副使的第三个春天。词人与朋友春日出游，风雨忽至，朋友深感狼狈，词人却毫不在乎，泰然处之，吟咏自若，缓步而行。通过野外途中偶遇风雨这一生活中的小事，词人表现出旷达超脱的胸襟，寄寓着超凡脱俗的人生理想。该词上片着眼于雨中，下片着眼于雨后，全词体现出一个正直文人在坎坷人生中的奋进之道，诠释着作者的人生信念，展现着作者的精神追求。

## 【学情分析】

本单元的教学对象为九年级学生，九年级的学生在初中阶段已经学了不少古代诗歌，已经接触了不少诗歌的学习方法，学习上基本以朗读和背诵为主，对诗歌大意有初步的认知，而对作品的艺术特点则缺乏了解，对词作知识的学习并不系统。初三学段的学习不能停留在以诵读为主要手段使学生感知诗歌大意的层面，而要更进一步，加强诗歌赏析，使学生对诗的思想情感有所感悟，对艺术手法有所领悟。

## 【教学目标】

（1）结合相关注释和工具书，读准字音，注意停连，有感情地诵读。多种诵读，理解诗歌大意。

（2）抓住词眼，读出不同情境下诗人的不同情感。体会词作情感，学会赏析诗词。

（3）琢磨诗句，关注背景，知人论世，反复朗读品味，理解《江城子·密州出猎》中作者建功立业的抱负，理解《定风波（莫听寄林打叶声）》所表达的人生哲理，读出文字背后诗人的形象。

## 【教学重点】

（1）结合相关注释和工具书，读准字音，注意停连，有感情地诵读。多种诵读，理解诗歌大意。

（2）琢磨诗句，关注背景，知人论世，反复朗读品味，理解《江城子·密州出猎》中作者建功立业的抱负，理解《定风波（莫听寄林打叶声）》所表达的人生哲理，读出文字背后诗人的形象。

## 【教学难点】

抓住词眼，读出不同情境下诗人的不同情感。体会词作情感，学会赏析诗词。

## 【课前准备】

（1）熟读两首词，参照注释，大致理解两首词的意思。

（2）查资料，了解两首词的创作背景。

（3）分小组学习，分配组长督促完成任务单。

## 【教学过程】

**（一）导入新课**

同学们，林语堂先生说"一提到苏东坡，在中国总会引起人亲切敬佩的微笑"。今天这节课，老师就带领同学们一起去品读苏轼的两首词《江城子·密州出猎》《定风波（莫听寄林打叶声）》，汲取丰富的精神食粮。

**（二）诵读诗词，理解诗歌大意**

**1. 请学生个别朗读，要求读准字音、读好节奏**

每一个小组派一名代表诵读，另一个小组评价。

**2. 齐读，注意诗词的押韵，读出韵味**

点拨：读词唯慢不快，词是长短句，要读准节奏，就要读慢一点。一般来说，七言句式"二二三"停顿，三字句做"一二"或"二一"停顿，五言句式"二三"停顿，六言句式做"二二二"处理。但是，也需要根据词作内容做具体调整。例如，读《江城子·密州出猎》最后一句，要字字顿音，读出力量。

**3. 自由朗读，完成自主学习任务卡**

《江城子·密州出猎》

1. 哪些词句表现出了"豪放"的特点？试简要分析。

2. 这首词表达了作者怎样的思想感情？

## 《定风波（莫听寄林打叶声）》

1. 体会"莫听""何妨""谁怕""任平生"这些词语，说说你心目中苏轼的形象。

2. 这首词表达了作者怎样的思想感情？

请你用一句话概说每首词的内容。

《江城子·密州出猎》上片描写了_____，

下片抒发了_____。

《定风波（莫听寄林打叶声）》上片描写了_____，

下片抒发了_____。

**明确：**《江城子·密州出猎》上片描写了出猎时的壮观场面，下片抒发了词人渴望报效朝廷的壮志豪情。

《定风波（莫听寄林打叶声）》上片描写了词人手持竹杖，脚着草鞋，在雨中照样缓步而行，高声吟咏的情景，下片抒发了一路上雨过天晴的感慨，乐观豁达的情感。

### （三）抓住词眼，体会词作情感

请同学们默读这两首词，想一想，如果让你分别用每首词中的一个字来概括全词的情感，你会选哪个字？请同学们认真阅读、比较、辨析、选准字、组成词，并从词中找到依据，写出了词人怎样的情感。

PPT出示：奠定了全词感情基调的字叫作词眼，《江城子·密州出猎》词眼是"狂"（可以组词：轻狂、发狂、张狂、狂气、狂傲、疯狂、狂言、狂想、狂妄）。

### 1. 完成学习任务单

小组交流合作，并用这样的句式回答：我从上片/下片（词句）中，读出了苏轼的少年之狂，理由是_____。

示范1：

我从"左牵黄，右擎苍，锦帽貂裘，千骑卷平冈"中读出了苏轼的少年之狂。从"牵""擎"可以看出苏轼把猎狗、苍鹰带在身边不是为了打猎，而是为了炫耀他的勇猛。另外，"锦帽貂裘"看出苏轼的打扮抢眼而张扬，"卷"说明苏轼率领众多随从，出猎的阵容盛大而招摇。

示范2：

我从"为报倾城随太守，亲射虎，看孙郎"中读出了苏轼的少年之狂。"倾城"出动，写出了出猎场面的盛大。苏轼为了报知全城百姓随他狩猎，以孙权自喻，要像孙权一样射虎打猎，更能体现他的"少年轻狂"——"看孙郎"，这里使用了典故。

"狂"在：

上片：

狂在牵黄擎苍出猎的雄姿

狂在千骑奔驰壮观的场面

狂在倾城而出浩大的声势

狂在自比孙郎英武的豪气

下片：

狂在开阔豪壮的胆气

狂在老当益壮的心态

狂在报国立功的志向

小结：一个"狂"字写出苏轼渴望一展抱负、杀敌报国、建功立业的雄心壮志。

《定风波（莫听寄林打叶声）》的词眼是"任"（可以组词：任凭、放任、任由、任意、任性、任情、任其自然）。

教师根据学生回答总结：

自然界的风雨："穿林打叶""料峭春风""萧瑟"。

同伴如何："雨具先去""皆狼狈"。

词人如何："竹杖芒鞋轻胜马"，境遇不好，条件不好，比马车要轻快，悠闲自若，笑傲人生。

词人的态度："余独不觉""何妨吟啸且徐行""一蓑烟雨任平生""也无风雨也无晴"。潇洒、洒脱，泰然处之。

小结：一个"任"字写出苏轼面对困境，不畏惧，不颓丧，淡然处之，泰然处之，乐观豁达的胸襟。

**2. 完成学习任务单**

小组交流合作，并用这样的句式回答。

我从_____句中，读出了苏轼的_____（感情），理由是_____。

示范1：我从"莫听穿林打叶声，何妨吟啸且徐行"中读出了苏轼的从容淡定。"同行皆"狼狈，苏轼却"吟啸""徐行"，表现了他面对风雨处变不惊、泰然自若的心态。

示范2：我从"竹杖芒鞋轻胜马，谁怕？一蓑烟雨任平生"中读出了苏轼的旷达乐观。"竹杖芒鞋"表明了苏轼被贬谪的处境，可是却比骑马轻快。这是何等的达观。"一蓑烟雨任平生"表现了作者旷达洒脱的胸怀。

示范3：我从"回首向来萧瑟处，归去，也无风雨也无晴"中读出了苏轼的超然物外的心态。"萧瑟处"既指刚才的遇雨之地，也指人生危难之境。无论处于何种境地，苏轼都选择坦然面对人生的风风雨雨，表现出他宠辱偕忘、超然物外的人生境界。

**（四）关注背景，总结诗人形象**

关注两首词的创作背景，苏轼在密州和黄州时是创作的高峰。根据补充资料，学生应了解在密州时和黄州时词人不同的心境。

**补充资料：**

1. 密州

（1）宋神宗熙宁四年（1071，36岁），苏轼因对王安石变法持不同政见而被排挤，自请外任。朝廷先派他去杭州当通判，后转任密州知州［熙宁七年（1074），39岁］，直至熙宁九年（1076，41岁）。

（2）任密州知州之前："岁比不登，盗贼满野，狱讼充斥""公私匮乏，民不堪命"；百姓"剥啮草木啖泥土"，其逃亡，弃婴者随处可见。

任密州知州之后：消蝗灾，乞甘霖，平强盗，免赋税，养孤儿……

在徐州：黄河决口，他在城墙之上搭起了一个草屋，带领徐州军民筑堤抗洪。

在杭州：发现西湖淤积严重，湖面收缩，水越来越少，百姓们的生活用水都出现困难。苏轼让人开凿了两条河，将水重新引入漕运河之中。还建造了一条堤坝，将海潮挡住，不让海水侵蚀杭州的土地。

第二次到杭州：发现当地一百姓看病困难，便自己拿出的五十两黄金，还筹集了一些资金，创办了中国有史以来第一所公立医院，取名为安乐坊，为杭州人民防病治病。

小结：可见，在密州任上，苏轼是一个勤政爱民的好太守。因政治上受排挤，不愿辩解，不想待在京城，自请外任，不是纯粹意义上的被贬，跟被贬黄州是完全不一样的，贬黄州是因为"乌台诗案"，差点被杀，后来可以说是死里逃生，捡了一条命回来。

2. 黄州

（1）元丰二年（1079，44岁）十二月二十八日，因"乌台诗案"陷狱四个多月的苏东坡责授黄州团练副使，本州安置，不得签书公事。到元丰七年（1084，49岁）四月上旬离开黄州，苏东坡谪居黄州有五个年头。

（2）苏东坡成全了黄州，黄州也成全了苏东坡。苏东坡写于黄州的那些杰作，既宣告着黄州进入了一个新的美学等级，也宣告着苏东坡进入了一个新的人生阶段……

——余秋雨《苏东坡突围》

过渡："乌台诗案"让苏轼遭遇人生第一次贬谪，他在黄州谪居五年，虽有过孤独神伤，失意苦闷，但他很快调整心态，战胜了生活，战胜了自我，甘苦自适，初心不改，以身许国。

小结：了解了密州和黄州这两个特殊地点的背景故事，我们应该向苏轼学习他的哪种精神？请学生填空说说看。

示例：人是需要有一点"狂"的精神的，有了这点精神，就能胸襟开阔，自信昂扬，充满斗志，有舍我其谁的霸气。

人是需要有一点"任"逍遥的精神的，有了这点精神，就能无畏风雨，笑看坎坷，潇洒洒脱，有乐观豁达的人生态度。

PPT：林语堂先生说"一提到苏东坡，在中国总会引起人亲切敬佩的微笑"，你更喜欢哪个时期的苏轼，为他露出敬佩的微笑？

（1）学生回答，各抒己见。

（2）我们看苏东坡，不要只看他豪放，要看……他的在失意挫折之中的旷逸的襟怀。——迦陵先生（叶嘉莹）

（3）苏轼名句赏读，再次感受苏轼诗文中的襟怀。

但愿人长久，千里共婵娟。

——《水调歌头（明月几时有）》

小舟从此逝，江海寄余生。

——《临江仙（夜饮东坡醒复醉）》

谁道人生无再少？门前流水尚能西！休将白发唱黄鸡。

——《浣溪沙（游蕲水清泉寺）》

试问岭南应不好，却道：此心安处是吾乡。

——《定风波·南海归赠王定国侍人寓娘》

人生如逆旅，我亦是行人。

——《临江仙·送钱穆父》

**（五）课后作业**

基础作业：学生在理解的基础上，背诵、默写三首词。

提升作业：

（1）学生分组合作，为苏轼的两首词分别找两首合适的配乐，要求能表现词的意境。

《江城子·密州出猎》＿＿＿＿＿＿＿＿《定风波（莫听寄林打叶声）》

＿＿＿＿＿＿＿＿

（2）请同学们运用这节课上学到的诗词学习的方法，完成辛弃疾《破阵子·为陈同甫赋壮词以寄之》《太常引·建康中秋夜为吕叔潜赋》的自主赏读任务。

**【教学反思】**

教师在群文阅读课前虽需要做大量资料准备，但一旦备课资料做好之后，到群诗阅读部分，学生赏析起来就可能得心应手了。所以，课堂上过程清晰，问题精准，层层深入，学生参与的空间大小，这些都体现了教师对课堂的把握能力。

群文教学的优势在于可以增加课堂容量，同时对教师提出更高的要求。本节课虽然课上的过程不很流畅，但丰富的内容让同学们感受到了古诗中的乐趣和基本特点，这是单篇教学实现不了的。

群文阅读任重而道远，但总要大胆尝试。

# 临别依依寄深情

## ——八年级群诗阅读教学之送别诗教学设计

珠海市金鼎中学　陈卓胜

## 【教材分析】

教材中众多的古诗词可为群文阅读的多样化议题、课内外篇目整合提供实施依据，有利于中学生拓宽阅读视野，进行深度学习，提高思维品质及语文素养。教师以送别题材为中心进行群诗阅读教学整合，借现学勾连已学，迁移未学，举一反三，触类旁通，可改变日常古诗词教学单调乏味的教学模式，提高学生学习古诗词的质量。

## 【学情分析】

八年级的学生已有较多的古诗词知识储备，也具有主动学习的能力和习惯，其精力和记忆力蓬勃发展，求知欲望普遍较高，渴望获得高质量的学习内容及提高学习品质，但思想处于动荡期，容易产生厌学心理。对传统的古诗词教学，学生普遍兴趣不浓，似乎会默写就完成了任务。因此在八年级较为宽松的语文教学环境中，教师可利用多种教学策略激发学生学习古诗词的兴趣，注重以对学生思维品质提升进行教学设计，把一首首古诗整合，进行群诗阅读学习，打破知识碎片化、理解肤浅化的现状，不仅使学生对古诗词记忆更牢，更使其感受古诗词的文字美、音韵美和意境美，从而提高学习兴趣，热爱古诗词学习。

## 【教学目标】

（1）会背诵及默写四首古诗。

（2）懂得送别诗的特点，掌握送别诗的学习方法，并能迁移到更多的古诗学习中。

（3）提高对中华优秀传统文化的认可，热爱古诗词学习。

## 【教学重点】

（1）会背诵及默写四首古诗。

（2）提高对中华优秀传统文化的认可，热爱古诗词学习。

## 【教学难点】

懂得送别诗的特点，掌握送别诗的学习方法，并能迁移到更多的古诗学习中。

## 【选文篇目】

《送杜少府之任蜀州》《送友人》《送元二使安西》《芙蓉楼送辛渐》。

## 【课时安排】

1课时。

## 【教学过程】

### （一）情境导入，激发兴趣

（播放2022年北京冬季奥运会闭幕式"折柳送别"片段）

思考：人们为何在送别时会以"折柳"为形象？有何寓意？

**明确**：古人离别时，有折柳枝相赠之风俗。其最早出现在汉乐府《折杨柳歌辞》第一段中。折柳寓含"惜别怀远"之意。我国古代，亲朋好友一旦分离，送行者总要折一枝柳条赠给远行者。人们在离别时折柳相送，在思念亲人、怀念故友时也会折柳寄情。

**（二）送别诗的由来**

古往今来，许多文人墨客对于离别总是歌吟不绝。在这浓浓的感伤之外，往往还有其他寄寓，或用以激励劝勉，或用以抒发友情，或用于寄托诗人自己的理想抱负。另外，唐朝的一些送别诗往往洋溢着积极向上的青春气息，充满希望和梦想，反映了盛唐的精神风貌。

古时候由于交通不便，通信极不发达，亲人朋友之间往往一别数载难以相见，所以古人特别看重离别。离别之际，人们往往设酒钱别，折柳相送，有时还要吟诗话别，因此离情别绪就成为古代文人吟咏的一个永恒主题。

**（三）学习《送杜少府之任蜀州》**

**1. 诵古诗，见诗人，明背景**

### 送杜少府之任蜀州

### ［唐］王 勃

城阙/辅三秦，风烟/望五津。与君/离别意，同是/宦游人。

海内/存知己，天涯/若比邻。无为/在歧路，儿女/共沾巾。

王勃（约650—676），唐代诗人，字子安，绛州龙门（今山西万荣）人。麟德初应举及第，曾任虢州参军。后往海南探父，因溺水受惊而死。少时即显露才华，与杨炯、卢照邻、骆宾王以文辞齐名，并称"初唐四杰"。他和卢照邻等皆企图改变当时"争构纤微，竞为雕刻"的诗风。其诗偏于描写个人生活，也有少数抒发政治感慨，隐喻对豪门世族不满之作，风格较为清新，但有些诗篇流于华艳。其文《滕王阁序》颇有名。原有集，已散佚，明人辑有《王子安集》。

创作背景：《送杜少府之任蜀州》作于王勃在长安时期。少府是唐朝对县尉的通称。姓杜的少府将到四川去做官，王勃在长安相送，临别时赠给他这首送别诗。

**2. 读诗题，品诗句，明诗意**

思考1：从诗题可以解读到哪些信息？

参考：从诗题中可以得到这是一首送别诗，送别诗标题一般含有"送"字，且有送别的对象。此首送别诗明确送别对象是杜少府，含有杜少府的去向及离别的原因等信息。

**明确**：强调送别诗诗题的一般特点：含"送"字、送别的对象。

思考2：这首诗表达了诗人怎样的感情？哪句诗最能表达这种感情？

参考：表达了作者与友人的情谊。虽是离别，但诗人却在慰勉友人勿在离别之时悲哀，少有离别之伤，更多达观之感。最能表达这种感情的诗句是：海内存知己，天涯若比邻。

思考3：品析诗句，了解内容。

（1）首联描写了哪些景物？第一句与第二句描写景物特点上有什么不同？

参考：城阙、三秦、风烟、五津。

一近一远、一明一暗对比强烈，构成了一幅非常生动真实的送别画面。

首联点明送别之地和友人的赴任之地，点出送别之意，展壮阔之景，并勾勒出两处的地理形势。"望"字将相隔千里的京城和蜀川联系起来。"风烟"突出友人去处的卑湿荒远、上任路途的艰险。这是运用借代的修辞。

强调：首联是开头，重在"起"，作用在于破题，即交代题目当中的主要因素。

（2）颔联中的"宦游人"指的是什么人？这句话怎样理解？

参考：指的是出外做官的人。诗人直接劝勉友人：我们都是外出做官的人，此别为别中之别，不必伤感。

颔联从正面写离情而话语急转，变为劝勉，点出了送别之情，是感情共鸣的具体化——我和你都是离乡远游以求仕途的人，你去蜀州，我留长安，去和留虽有不同，但此刻的惜别之意却是一样的啊！

强调：颔联，起"承"作用，紧承上联所写内容和方向，并加以具体化的描述。

（3）怎样来理解"海内存知己，天涯若比邻"这句话？用自己的话来说。

参考：只要四海之内知心的朋友时刻关心着自己，即使远隔天涯，也会觉得跟近邻一样。这句话道出了古今上下几千年人们的共同心声。

诗人在这里忽然将笔锋一转，转而去宽慰那即将远行的友人：我们分手之后，虽然天各一方，但是不必悲伤。海内有知心的朋友，即使远隔天涯，也像是近邻一样。诗人用广阔博大的胸襟去劝慰友人，表达了诗人相信真挚友情不因时空改变而改变。

强调：颈联，重在"转"，内容上改变了描写方向。

你怎样理解最后两句呢？

参考：尾联以幽默的口吻劝慰对方。

此两句就前句的意思再推进一层。离别固然是悲伤的，但互为知己，虽各处天涯，亦似比邻，所以不必像青年男女一样别泪沾巾。此句点明了朋友不必伤感，是对朋友再次的劝慰，同时回应了题目。

强调：尾联，重在"合"，回应标题。

**3. 懂总结，会默写，能迁移**

（1）总结全诗：作者写这首诗的目的是劝慰他的朋友杜少府，诗歌开始先描写环境，勾画出一个真实的送别画面，不过于伤感；再来表示自己和他一样都是宦游人，实现"共情"；接着用山高水远并不能阻隔知己在精神上和情感上的沟通的警策诗句，劝朋友不要在分别时过于悲伤。诗人委婉道来，杜少府一定会感到亲切，排解了离别之苦。全诗意境旷达、哀而不伤，孕豪迈于悲凉，在别离中寄寓乐观豁达的感情，一洗古时送别诗中的悲凉凄怆之气，音调爽朗，清新高远，独树碑石。

（2）默写及迁移（见作业布置）。

**（四）群诗阅读，归纳总结**

思考：请根据所学古诗解读方法完成下表，归纳出送别诗的一般特点。

| 题目 | 作者 | 谁送谁 | 在哪里送 | 抓住了哪些景象表达 | 表达什么情感 | 经典名句 |
|---|---|---|---|---|---|---|
| 《送杜少府之任蜀州》 | 王勃 | 王勃送杜少府 | 城阙 | 城阙、三秦、风烟、五津 | 别离中寄寓乐观豁达 | 海内存知己，天涯若比邻 |
| 《送友人》 | | | | | | |
| 《送元二使安西》 | | | | | | |
| 《芙蓉楼送辛渐》 | | | | | | |

强调：

送别诗的一般特点是按时间、地点来描写景物，表达离愁别绪，从而体现作者的思想感情。送别诗中常用的意象有长亭、杨柳、夕阳、酒、秋等。诗歌题目通常含"赠、别、送"等字眼。送别内容有写夫妻之别、亲人之别、友人之别，也有写同僚之别，甚至写匆匆过客之别。所用的手法常常是直抒胸臆或借景抒情。其艺术特点，有的豪放旷达，有的委婉含蓄，有的词浅情深。

**（五）作业布置**

（1）默写：《送杜少府之任蜀州》《送友人》《送元二使安西》《芙蓉楼送辛渐》。

（2）课后收集、整理部编版中小学语文教材中收录的送别诗，用所学方法进行对比学习。

## 【板书设计】

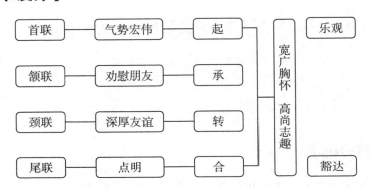

## 【教学反思】

### 1. 精读一首，在反复诵读中品诗意，析手法，悟诗情

阅读教学的主要任务是发挥教材的"例子"功能，让学生在课堂上掌握知识，形成语文能力，为课后的广泛阅览打下扎实的基础。《送杜少府之任蜀州》是一首唐律，好读易懂。教师充分发挥学生的主体作用，设置有价值问题，引导学生在反复诵读中自学古诗，掌握送别体古诗的表达方式，收到了较好的效果。

### 2. 举一反三，在群诗阅读中迁移转化，带读一组诗歌

在学生学会《送杜少府之任蜀州》一诗的基础上，教师分别出示了《送友人》《送元二使安西》《芙蓉楼送辛渐》三首送别诗，让学生运用学习《送杜少府之任蜀州》所掌握的方法自学这三首诗。学生通过自由朗读，填写所设计的群读表格，自读自悟诗人分别抓住了哪些景象表达，又表达了诗人怎样的情感。

这次教学尝试了一次主题整合式的群文教学模式。教师以"送别"为主题，把四首古诗放到一起，解析出送别类古诗的一般特点；同中求异，又分别辨析了四首古诗不同的情感基调，大大拓展了古诗解读的文化背景，丰厚了古诗的文化底蕴。如在教学环节把握好节奏，教学设计上再富有创意，在整合送别诗上再下点功夫的话，教学效果应该更佳。

# 让美在"空白"处生长

## ——八年级下册《诗经》四首群文教学设计

珠海市三灶中学　石媛媛

## 【教材分析】

部编版八年级下册语文教材选录了四首出自《诗经》的古诗，分别是第三

单元最后一课的《〈诗经〉二首》和第三单元的课外古诗词前两首《式微》和《子衿》。《诗经》是我国第一部诗歌总集，也是诗歌的源头。其因为真实地记录了先民的生活和情感，所以历经千年，仍有着生动的感染力。

这四首诗歌都有着相同的出处和艺术特色，教师把它串在一起讲解，进行群文教学设计，让学生既可以掌握《诗经》蕴含的文学常识，又可以了解《诗经》中不同于后来的唐诗宋词的特点，扩展学生的文学阅历。

## 【学情分析】

本课的教学对象是初二年级学生，这是他们第一次正式接触《诗经》。对于习惯了唐诗宋词的学生来说，这种诗歌体裁、古代语言还是存在比较大的理解障碍的。所以，教学难度不宜设置太大，重点放在讲解文学常识、诗歌重章叠句的特点和"赋比兴"的艺术手法。并初步解读诗歌，使学生能够理解诗歌所传达的内容和情感。教师讲解诗歌时，不必纠结于各家之说，按照一般通行的理解即可。

## 【教学目标】

知识与能力：学习诗歌重章叠句的形式特点，体会"赋比兴"的表现手法。在此基础上能准确流利富有感情地吟诵古诗。

过程与方法：从点到面，通过对《蒹葭》的细读和深入教学，掌握相关知识点，然后进行迁移，指导学生自主学习另外三首诗歌。

情感态度与价值观：体会诗歌中对美好情感的向往和对昏庸统治者的批判，培养和提高学生的审美情趣。

## 【教学重难点】

（1）学生能掌握重章叠句的形式特点及"赋比兴"的表现手法，在此基础上能准确流利富有感情地背诵全诗。

（2）学生能把握"关雎""伊人""子衿"等意象，品味诗歌的语言，体会诗中人物的情感。

## 【课时安排】

2课时。

## 【教学过程】

### 第一课时《蒹葭》

**1. 课前预习**

（1）学生通过观看微课，了解《诗经》的"赋比兴"手法和"重章叠句"特点。

（2）学生结合导学单，预习《蒹葭》。

### 《蒹葭》导学案

学习目标：

1. 领略古诗的音乐美。

2. 复习所学的《关雎》中"叠字""起兴"等艺术手法。

3. 品析《蒹葭》的情感，学会通过诵读表达诗歌的情感。

课前复习与预习：

1. 资料链接。

《诗经》是我国第一部诗歌，共收入自西周初年至春秋中叶大约500年的诗歌_____篇。《诗经》共有_____、_____、_____三个部分。

请你结合微课内容，解释一下《诗经》六义。

2. 结合课文底下的注释，查阅工具书，给下列字词注音、释义。

苍苍（　　　）：　　　　伊人（　　　）：　　　　方（　　　）：

溯回（　　　）：　　　　阻（　　　）：　　　　溯游（　　　）：

萋萋（　　　）：　　　　晞（　　　）：　　　　湄（　　　）：

跻（　　　）：　　　　坻（　　　）：　　　　采采（　　　）：

涘（　　　）：　　　　右（　　　）：　　　　沚（　　　）：

3. 结合课文底下的注释，查阅工具书，尝试自主翻译以下语句。

（1）溯游从之，宛在水中央。

（2）蒹葭采采，白露未已。

4. 阅读原诗，回答下面两个问题。

（1）这首诗共三章，每章开头都写蒹葭茂盛，霜露茫茫，这是《诗经》中常见的什么手法？有何作用？

答：

（2）意中人的踪迹飘忽不定，你由此感受到诗歌营造了什么样的意境？请简要分析。

答：

**2. 音乐导入**

《诗经》是我国诗歌的源头，据《诗经·秦风》记载，2500多年的秦地，在一个长满芦苇的河畔，有一个人，唱起了一首古老的歌谣……（播放音乐）

**3. 示范朗读**

学生跟着示范朗读音频，一边小声地朗读、梳理读音和停顿，一边标注课文底下的注释。

**4. 展示学习目标**

这是一首描写了_____（季节）的诗。

这是一首运用了_____（写作技巧）的诗。

这是一首表达了_____（情感）的诗。

5. 解诗

| | |
|---|---|
| 蒹葭苍苍，<br>白露为霜。<br>所谓伊人，<br>在水一方。<br>溯洄从之，<br>道阻且长。<br>溯游从之，<br>宛在水中央。 | 河边芦苇青苍苍，<br>秋深露水结成霜。<br>意中之人在何处？<br>就在河水那一方。<br>逆着流水去找她，<br>道路险阻又太长。<br>顺着流水去找她，<br>仿佛在那水中央。 |

白露：

《月令七十二候集解》：八月节……阴气渐重，露凝而白也。天气渐转凉，会在清晨时分发现地面和叶子上有许多露珠，这是因夜晚水汽凝结在上面，故名白露。古人以四时配五行，秋属金，金色白，故以白形容秋露。进入白露，晚上会感到一丝丝的凉意。

这是一首描写了清凉幽渺的秋（季节）的诗。

| | |
|---|---|
| 蒹葭萋萋，<br>白露未晞。<br>所谓伊人，<br>在水之湄。<br>溯洄从之，<br>道阻且跻。<br>溯游从之，<br>宛在水中坻。 | 河边芦苇密又繁，<br>清晨露水未曾干。<br>意中之人在何处？<br>就在河岸那一边。<br>逆着流水去找她，<br>道路险阻攀登难。<br>顺着流水去找她，<br>仿佛就在水中滩。 |

这是一首运用了重章叠句、起兴（写作技巧）的诗。

| 蒹葭采采，<br>白露未已。<br>所谓伊人，<br>在水之涘。<br>溯洄从之，<br>道阻且右。<br>溯游从之，<br>宛在水中沚。 | 河边芦苇密稠稠，<br>早晨露水未全收。<br>意中之人在何处？<br>就在水边那一头。<br>逆着流水去找她，<br>道路险阻曲难求。<br>顺着流水去找她，<br>仿佛就在水中洲。 |

苍苍、萋萋、采采——描绘的场面：深秋之季，拂晓之时，芦花泛白，清露为霜。瑟瑟秋风，茂盛的芦苇丛在风中起伏；茫茫秋水，清澈澄明——凄清寂寥。

为霜、未晞、未已——结霜没干，没有完全干——焦急惆怅。

一方、之湄、之涘——地点的不断变化———追逐的艰辛扑朔迷离、美丽动人。

这是一首表达了热烈而急切地追寻着心上的恋人，但"伊人"可望而不可即，于是徘徊往复、心醉神迷、内心痛苦、不可言状（情感）的诗。

**6. 拓展学习之意象解读**

（1）"伊人"除了恋人，是否还有其他解读？

（2）如何理解"在水一方"？

**7. 拓展学习之品诗——吟诵**

所谓伊人，啊，在水之涘。

溯游从之，唉，宛在水中沚。

**8. 小结**

在一个清凉幽渺的深秋，茂密苍青的芦苇，晶莹透亮的露水，呈现一种凄清寂寥朦胧的意境。有一位痴情的人儿，憧憬焦急，热烈倾心，执着追求那飘忽的秋水伊人。

诗人的追寻似乎就要成功了，但终究还是水月镜花。目标的切近反而使失败显得更为让人痛苦、惋惜，最让人难以接受的是距离成功仅一步之遥的失败。

**9. 背诵本诗**

第二课时《关雎》《式微》《子衿》

**1. 新课导入**

教师带领学生复习"诗六艺""重章叠句""赋比兴"等知识点，引导学生开展本节课的学习。

**2. 诵读展示**

教师请几位学生结合之前所学知识，尝试诵读《关雎》《式微》《子衿》三首诗歌。教师找出读得不通顺的地方，提出疑问，为下一步教学做铺垫。

**3. 设置"空白"**

教师用三行填空题，引导学生结合课文注释与批注文字，再次自读三首古诗。

这是一首描写了＿＿＿＿＿＿＿（内容）的诗。

这是一首运用了＿＿＿＿＿＿＿（写作技巧）的诗。

这是一首表达了＿＿＿＿＿＿＿（情感）的诗。

**4. 解诗**

| | |
|---|---|
| 关关雎鸠，在河之洲。 | 雎鸠鸟关关和唱，在河心小小洲上。 |
| 窈窕淑女，君子好逑。 | 那美丽贤淑的女子，是君子的好配偶。 |
| 参差荇菜，左右流之。 | 参差不齐的荇菜，从左到右去捞它。 |
| 窈窕淑女，寤寐求之。 | 那美丽贤淑的女子，醒来睡去都想追求她。 |
| 求之不得，寤寐思服。 | 追求却没法得到，白天黑夜便总思念她。 |
| 悠哉悠哉，辗转反侧。 | 长长的思念哟，叫人翻来覆去难睡下。 |
| 参差荇菜，左右采之。 | 参差不齐的荇菜，从左到右去采它。 |
| 窈窕淑女，琴瑟友之。 | 那美丽贤淑的女子，奏起琴瑟来亲近她。 |
| 参差荇菜，左右芼之。 | 参差不齐的荇菜，从左到右去拔它。 |
| 窈窕淑女，钟鼓乐之。 | 那美丽贤淑的女子，敲起钟鼓来取悦她。 |

| 式微式微，胡不归？ | 天黑了，天黑了，为什么还不回家？ |
|---|---|
| 微君之故，胡为乎中露？ | 如果不是为君主，何以还在露水中？ |
| 式微式微，胡不归？ | 天黑了，天黑了，为什么还不回家？ |
| 微君之躬，胡为乎泥中？ | 如果不是为君主，何以还在泥浆中？ |

| 青青子衿，悠悠我心。 | 青青的是你的衣领，悠悠的是我的心境。 |
|---|---|
| 纵我不往，子宁不嗣音？ | 纵然我不曾去会你，难道你就此断音信？ |
| 青青子佩，悠悠我思。 | 青青的是你的佩带，悠悠的是我的情怀。 |
| 纵我不往，子宁不来？ | 纵然我不曾去会你，难道你不能主动来？ |
| 挑兮达兮，在城阙兮。 | 来来往往张眼望啊，在这高高城楼上啊。 |
| 一日不见，如三月兮！ | 一天不见你的面啊，好像已有三月长啊！ |

**5. 解读主旨**

教师结合教材注释和诗歌文后给出的解读，再次从内容、写作技巧和情感三个角度去带领学生探讨诗歌。

（1）《关雎》

这是一首描写了对一位美丽少女的思慕与爱恋（内容）的诗。

这是一首运用了起兴和重章叠句（写作技巧）的诗。

这是一首表达了对心上人真挚而美好的向往和追求，也伴随着爱而不得的忧伤和惆怅（情感）的诗。

（2）《式微》

这是一首描写了劳役者的辛苦和怨言（内容）的诗。

这是一首运用了设问和重章叠句（写作技巧）的诗。

这是一首表达了痛苦和哀伤（情感）的诗。

（3）《子衿》

这是一首描写了女子思念、等待心上人（内容）的诗。

这是一首运用了心理描写和重章叠句（写作技巧）的诗。

这是一首表达了缠绵悱恻的期盼与焦急（情感）的诗。

### 6. 课堂小结

同学们，《诗经》中的诗因为脱胎于民间歌唱，所以有重章叠句、一唱三叹的艺术特点。这是《诗经》的独特魅力。其承载的先民们的喜怒哀乐，都是率真而热烈的，让我们即使远隔千年，仍能感受到诗歌中的生命张力。

## 【教学反思】

自新课改以来，我们经常可以在语文教学领域中听到这样的一些话语：要重视语文的人文性，要让语文课堂有语文味，等等。这些喊得越来越多、越来越响的口号背后，是大家对语文本质的思考。目前我国初中阶段的语文课本基本上都是使用文选类教材，以文学作品为基础，展开系统的语文教学。文学的本质是什么，或许历来有不同的说法，但不可否认的是文学是"美"的，阅读文学作品的过程是一种"审美"的过程。如果能达成对这一点的共识，那我们就要不可避免地回答一个问题，如何在教学中实现语文的"美"。

中国的古诗，从先秦民歌到唐诗宋词，基本上都是"美"的文学。语言美、意象美、情感美，有的还有画面和音乐的美感。而古诗含蓄委婉的表达方式，又给读者留下了数不清的"空白"。作为小学和高中之间的过渡阶段，初中的古诗教学的对象是有一定的学习基础而又还未完全掌握古诗阅读与审美的学生。教师可以基于维果斯基的理论，去构建最近发展区，提升学生的语文能力。本设计依据此思路，组合部编版教材八年级下册中选录的《诗经》四首古诗开展联合教学，尝试古诗词的群文教学，探讨如何通过挖掘、创设古诗文本中的"空白"来实现古诗教学的美育。

用品味语言的方式让学生开展审美活动，发挥想象力，自主填补"空白"，积累审美体验；用填空的方式创设"空白"，构建课堂的框架，明确学习目标，调动学生的参与积极性，激发他们的创造力和想象力。这就是从《蒹葭》这节课的教学中初步形成的通过文本"空白"实现初中古诗教学美育目标的策略。同时，教师还有很多可以进一步发挥个性和创造力的地方。例如，教师可以利用音乐等多媒体形式，组织美的、诗意的教学语言，使制作的课件是美的，是有"空白"的，以达到整堂课的统一。一个"美"的古诗教学的课堂，应该是师生双方都参与的，其不仅是学生进行审美，教师也应该有美的体验和收获。

# 为天地立心，为生民立命

## ——《石壕吏》《卖炭翁》《茅屋为秋风所破歌》古诗群文阅读教学设计

珠海市文园中学 曹 强

## 【教材分析】

《石壕吏》《卖炭翁》《茅屋为秋风所破歌》出自部编版教材八年级下册第六单元的《唐诗三首》，均是我国古代的经典名篇。《石壕吏》通过讲述安史之乱中石壕村一户人家的悲惨遭遇，表达诗人对战争的控诉；《茅屋为秋风所破歌》中，诗人由茅屋被风雨袭击的遭遇，发出"安得广厦千万间，大庇天下寒士俱欢颜"的呼喊，表现了一种饱览民生疾苦，体察人间冷暖的济世情怀；《卖炭翁》通过卖炭老翁被宫使强取豪夺的故事，揭露"宫市"掠夺的本质，表达了对劳动者的深切同情。

古体诗在句式、用韵方面均与近体诗有着明显的差异，我们首先要通过诵读、比较来体会。与以往所学的多数诗歌侧重于描绘自然景物不同，这三首诗有较强的叙事性，学生应当理解诗中所叙之事，感受诗人从中传达的忧国忧民的情怀。《石壕吏》的构思，《茅屋为秋风所破歌》中对恶劣天气和生活环境的描写，以及《卖炭翁》中对卖炭老翁和宫使形象的刻画，都很精彩，教师应当引导学生细细品味。

## 【学情分析】

学生在小学时代就已经学过不少古代诗歌，其学习方法比较简单，以朗读和背诵为主，对诗歌的大意有初步的认识，而对作品的艺术特点缺乏了解。在初中阶段，古代诗歌的教学任务是调动各种手段，引导学生朗读、背诵作品，理解作品大意，初步赏析艺术手法，激发他们学习古代诗歌的热情，使他们浸润于古典作品中，受到潜移默化的熏陶感染。七年级和八年级上册的古诗比较浅显，以五七言的绝句、律诗为主，长篇古体诗较少。

## 【教学目标】

（1）反复诵读，体会古诗在句式、用韵等方面的特点。

（2）理解诗歌内容，感受诗中描述的社会现实，体会诗人情感。

（3）品味诗歌写法、语言等方面的精彩之处。

## 【教学重点】

（1）反复诵读，体会古诗在句式、用韵等方面的特点。

（2）理解诗歌内容，感受诗中描述的社会现实，体会诗人情感。

## 【教学难点】

品味诗歌写法、语言等方面的精彩之处。

## 【教学过程】

### （一）新课导入

安史之乱后，唐朝由盛转衰，社会黑暗，民不聊生。这场灾难也给唐朝的诗歌创作带来了变化，以杜甫、白居易为代表的诗人创作了大量关心民生疾苦的作品，对百姓的心酸境遇给予无限的同情。这三首诗很好地呈现了当时的社会面貌。

### （二）写作背景

唐肃宗乾元元年（758），为平息安史之乱，郭子仪四处抽丁补充兵力。乾元二年（759）春，杜甫由左拾遗贬为华州司功参军。他离开洛阳，历经新安、石壕、潼关，夜宿晓行，风尘仆仆，赶往华州任所。所经之处，哀鸿遍野，民不聊生，这引起诗人感情上的强烈震动。他在由新安县西行途中，投宿石壕村，遇到吏卒深夜捉人，于是就其所见所闻，写成《石壕吏》这首诗。

《茅屋为秋风所破歌》作于唐肃宗上元二年（761）八月。唐肃宗乾元二年

（759）秋天，杜甫弃官。乾元三年（760）春天，杜甫求亲告友，在成都浣花溪边盖起了一座茅屋，总算有了一个栖身之所。不料到了上元二年八月，大风破屋，大雨又接踵而至。当时安史之乱尚未平息，诗人由自身遭遇联想到战乱以来的万方多难，长夜难眠，感慨万千，写下了这篇脍炙人口的诗作。

《卖炭翁》是白居易组诗《新乐府》五十首中的第三十二首，作者自注云："苦宫市也。""宫"指皇宫，"市"是买的意思。皇宫所需的物品，本来由官吏采买。中唐时期，宦官专权，横行无忌，常有数十百人分布在长安东西两市及热闹街坊，以低价强购货物，甚至不给分文，这实际是一种公开的掠夺。白居易对宫市十分的了解，对人民又有深切的同情，于是写成这首诗。

**活动一：书读百遍，其义自见**

（1）根据提示，学生从感情、语速、重读、节奏四个方面揣摩三首古诗的朗读技巧。以小组为单位，完成下面表格。

感情：轻松，愉快，激愤，哀怨，悲伤。

语速：明快，急促，有力，低沉，缓慢。

重读：关键词语或者能够体现作者内心感情的词语要重读。

节奏：古体诗虽灵活自由，无格律可守，但必须押韵，必须讲究音顿（二二、二三、四三或二二三等），朗读时要仔细揣摩这一基本的语言特点。

| 篇目 | 感情 | 语速 | 重读 | 节奏 |
|---|---|---|---|---|
| 《石壕吏》 | | | | |
| 《茅屋为秋风所破歌》 | | | | |
| 《卖炭翁》 | | | | |

① 小组讨论练习朗读。

② 个人自由练习朗读。

③ 全班齐读。

（2）和近体诗相比，这三首古诗在形式上有什么特点？

**明确**：句数没有限制，可多可少，可奇可偶；各句字数没有严格限制，如《石壕吏》是纯五言，《茅屋为秋风所破歌》有二言、七言、九言句，《卖炭翁》有三言、七言句；用韵灵活，可以押平声韵，也可以押仄声韵，还可以中途换韵；不讲究平仄、对仗。

**活动二：奇文共欣赏，疑义相与析**

（1）这三首古诗都有较强的叙事性，请结合注释理解诗中所叙之事，并体味诗中传达的情感。以小组为单位，完成下面表格。

| 篇目 | 主要内容 | 抒发情感 |
|---|---|---|
| 《石壕吏》 | 安史之乱中，石壕吏趁夜捉人，石壕村一户人家的悲惨遭遇 | 对人民的赞扬、同情，又有对战争的控诉 |
| 《茅屋为秋风所破歌》 | 面对茅屋被风吹破，群童抢茅抒发感慨 | 忧国忧民，渴望广济苍生的博大胸怀 |
| 《卖炭翁》 | 卖炭翁辛苦烧炭，最终被官吏掠夺 | 揭露宫市的黑暗，对底层劳动者悲惨遭遇的深切同情 |

（2）这三首古诗都写到了苦难的人，但是他们所遭受苦难的形态和原因却有所不同。以小组为单位，完成下面表格。

| 篇目 | 苦难的形态 | 苦难的原因 |
|---|---|---|
| 《石壕吏》 | 兵役苛酷，惶恐不安，丧子失亲，生活贫困，夫妇永别 | 安史之乱 |
| 《茅屋为秋风所破歌》 | 秋风破屋，群童抢茅，年老体衰，屋破漏雨，布衾脏冷，寒士穷困 | 安史之乱 |
| 《卖炭翁》 | 艰辛劳作，年老贫寒，挨饿受冻，被抢无奈 | 宫市制度 |

（3）杜甫笔下的"苦"和白居易眼里的"苦"哪个更痛苦？

**明确：** 杜甫笔下的老妇人为了保全家小义无反顾地奔赴前线，即便知道此去难再返，她的苦难是为了保全家人下的被逼无奈；像杜甫一样心怀志向的诗人不能养活家庭，更不要说让天下寒士俱欢颜。身份与现实的错位，让杜甫倍感痛苦，这种苦难是痛到骨髓里的。

卖炭翁冬天穿一身单衣，而他却希望天气再寒冷些，炽热的愿望与冰天雪地里饥寒交迫的现实形成对比，这种苦难令人绝望。

这些普通人性别、身份不同，生活的环境不同，但不同形态的苦难背后又有相似之处。杜甫和白居易笔下的苦难，是穿透历史脊背的，是令人深思和叹惋的。

言之成理即可。

（4）杜甫和白居易运用了哪些方法来表现这种苦难？以小组为单位，完成下面表格。

| 篇目 | 方法 |
|------|------|
| 《石壕吏》 | |
| 《茅屋为秋风所破歌》 | |
| 《卖炭翁》 | |

**明确：**《石壕吏》作者以"旁观者"的视角，通过"客观"直接地叙述底层劳动人民的故事，并无情感、态度的直接表露，但是对残暴统治者的控诉、对百姓不幸遭遇的深切同情却在叙事中体现得淋漓尽致；《石壕吏》运用了明暗结合、藏问于答的艺术手法。暗写差役，明写老妇人。差役一出场只用"吏呼一何怒"，就转入"幕后"，接下来差役的"呼""怒"都暗含在老妇人诉说家中不幸遭遇中。

《茅屋为秋风所破歌》通过对恶劣天气和生活环境的描写烘托渲染作者苦寒不堪的生活遭遇，如"号""卷""洒""挂""飘"等一系列动词，没有一字写风，却能让读者感受到风的威力。对生活环境描写的"冷似铁""雨脚如麻"等用了比喻的修辞手法，既写出了棉被的硬度，也写出了棉被的颜色和破旧不堪、屋漏湿冷的茅屋。作者令人同情，真是苦寒不堪！

《卖炭翁》通过肖像、动作、心理描写方法刻画人物形象。全诗没有议论，对统治阶级罪恶的揭露和控诉与对劳动人民的深切同情都在人物形象中；全诗运用对比手法揭露宫市黑暗和劳动人民的生活艰难，如将卖炭翁悲愤无助和宫使蛮横无情对比，将炭的价值与卖炭翁的所得对比。

（三）课堂小结

同为现实主义诗人的杜甫和白居易，是苦难的经历者，也是见证者，他们身处乱世，却穷尽一生，心忧黎民，对百姓的心酸境遇给予无限的同情。

（四）课后作业

学生任选一首诗，发挥想象，增加一些细节，改写成一则小故事。

## 【教学反思】

诗歌是语言的艺术，解读诗歌的关键是通过分析诗歌的语言、音韵等方面的特点，体会诗人的思想情感，从而走进诗人的内心世界。因此在教学设计中，通过诵读、比较来体会古体诗在句式、用韵方面与近体诗的差异是教学重点之一。

诗歌群文教学不能把多篇诗歌无序地全部呈现出来，诗篇之间要有一定的内在关联，要找到群诗的共性和个性，根据核心点进行整体设计，通过巧妙地设计问题进行有效串联，统筹考虑诗歌学习的策略和路径。通过整合教材可以发现，三篇文章的内在共同点都是表现民生疾苦，教师引导学生在不同的"苦"中认清唐代的社会现实，理解底层人民的悲，感受诗人"穷年忧黎元"的情怀。

下篇

初中散文
深度学习研究

# 初中散文深度学习的研究背景

尚 辉

## 一、时代及政策要求

### （一）"互联网+"时代的需求

"互联网+"就是指在"创新2.0"的影响下互联网发展呈现出的新态势，简单来说就是"互联网+各个传统行业"，这也是知识社会创新发展的重要形态。随着"互联网+"模式的深入推进，各行各业面临升级转型，致力于"人的培养"，作为一国之本的教育领域也不能例外。当今社会对于人才的需求不断提升，传统教育培养模式有局限，不能更好地与新时代发展潮流相适应。因此，教育亟待转型以顺应信息时代的迅猛发展和需求。

传统教育方式以教师为主导，以应试为核心，这样的教育方式下无疑也培养出了大量人才，不可进行全盘否定，但这样的教育方式存在一定弊端。因此在新时代的背景下，为了学生的综合素质更进一步地提升，为了培养出个性健全、思维活跃、能够推动社会发展的高素质人才，《义务教育语文课程标准（2011年版）》在教学实施建议中要求"灵活运用多种教学策略和现代教育技术，努力探索网络环境下新的教学方式""尤其要注重激发学生的好奇心、求知欲，发展学生的思维，培养想象力，开发创造潜能，提高学生发现、分析和解决问题的能力，提高语文综合应用能力"。这就与深度教学理念的要求相吻合，深度教学理念提倡培养学生的高阶思维和深层次认知，以此为基础顺势培养学生的其他能力，提升核心素养，促进学生全面发展，成为建设新时代的人才。在教育教学实践中，我们可以此为借鉴培养出符合时代发展的新世纪人才。

### （二）核心素养的要求

为解决"教育要培养什么样的人"这一根本问题，我国开始从宏观层面深入地、系统地考虑这个问题的答案。在2012年党的十八大会议上，党和国家已明确地提出了教育工作的根本任务是立德树人，并且强调了教育的根本性质和功能价值。在提出了这一基本要求之后，教育部门并未停下脚步，又开始探索中国学生应发展哪些素养、怎样发展核心素养的工作以及如何将党和国家"培养德智体美全面发展的社会主义建设者和接班人"这一要求真正落实到教育中去，让每一个学生都能健康发展，并且成为对社会有用的人。2014年，我国面向教育领域以及广大人民群众正式提出了要发展学生核心素养的要求，以促进学生更好发展。这是我国第一次正式使用"核心素养"一词，不仅如此，还提出了把核心素养体系作为研究学业质量标准、修订课程方案和课程标准的依据，用于统领课程改革的相关环节。教育部在发布的《关于全面深化课程改革　落实立德树人根本任务的意见》中具体指出，核心素养是学生在适应终身发展和社会发展需要上应该具备的关键能力与必备品格，其主要体现在自主发展、文化基础、社会参与三个方面，也在人文底蕴、责任担当、实践创新等方面做出了要求。这一文件的发布体现了立德树人的根本任务，体现了将核心素养置于首要地位的教育改革思路，体现了党和国家把教育的培养问题放在了一个从未有过的高度。

在学校教育中，每一门具体学科的设置都具有深刻意义，都肩负着培育和发展学生核心素养的任务，而语文教学更是以其独特的学科性质，承担起了培育学生核心素养的重要使命。但由于理论基础的薄弱，教学理念和授课方式还未成功转型等原因，语文课程的深度教学不能够有效开展，从而导致核心素养的培育任务和要求未能得到具体落实。因此，"深度教学"理念的推进时刻关系着学生核心素养的成功发展。

## 二、语文课程标准的要求

《义务教育语文课程标准（2011年版）》中提到要全面提高学生的语文素养：培养语感，发展思维，具有适应实际生活需要的阅读能力；正确把握语文教育的特点：语文课程丰富的人文内涵对学生精神世界的影响是广泛而深刻的，学生对语文材料的感受和理解又往往是多元的，要尊重学生在语文学习过程中的独特体验；积极倡导自主、合作、探究的学习方式；鼓励自主阅读、自由表达，充分激发问题意识和进取精神，关注个体差异和不同的学习需求；努力建设开放而有活力的语文课程。其明确提出了语文课程应具备的基本理念，在具体教学建议中提出阅读教学"应引导学生钻研文本，在主动积极的思维和情感活动中，加深理解和体验""在理解课文的基础上，提倡多角度、有创意的阅读，利用阅读期待、阅读反思和批判等环节，拓展思维空间，提高阅读质量"。由以上我们可以看出，对于语文课程的要求已经全面升级，并且顺应了新时代的要求，更加注重学生的多维度体验，而不是单一的知识学习要求，"加深""在……的基础上"等词语，体现了初中语文阅读的要求正在逐渐提高，向更深层次发展。

由此可见，语文阅读教学的深度化已经在课程标准中明确体现，并要求教师将其应用于实践中。因此，践行深度教学理念已成为新时代语文教学的必然趋势。深度教学理念下的语文教学是对课程基本理念的最好实践，能够提升语文教学质量，激发学生兴趣，从而促进学生素养全面发展。

## 三、散文教学的需要

现代散文是初中阶段语文阅读教学中必不可少的学习篇目，也是教师和学生公认的具有难度的学习模块，因而成为初中学段阅读学习的重中之重。纵观语文教材中关于现代散文的入选篇目，基本具有题材多样、内容丰富、语言俗适性等一系列特征，这也使其在初中语文阅读教学中占据了十分重要的位置。不仅如此，散文在编选入课本后，它的受众群体是教师和学生，它已经不再是一种单纯的文学性作品，还有重要的教学价值。例如，文章中重点字词的音、形、义，文章的主旨思想、结构特征、独特的文体知识、写作手法、所包含的文化、历史背景知识以及审美教育价值、情感教育价值、伦理道德、教育价值、思想教育价值等，这些价值点也使散文教学具备了其他学科无法比拟的重要性。而在中考和日常的考试中，现代散文也通常作为阅读题的考查项目出现，并具有一定难度。所以，散文教学应该受到师生们的高度重视。

但是纵观当前的课堂教学，在传统教育理念的影响下，语文教学注重的工具性和技术取向的趋势越来越明显，教师往往以最快的效率、最简便的方法将知识传授给学生，以便他们快速掌握和应用于考试，但是学生这时往往知其然而不知其所以然——知识从何而来，知识的逻辑形式是什么，以及自身成长和观念的塑造如何涉及。在建构主义的理论中，那些没有经过自我消化、吸收、理解的知识是不属于自己的知识，没有经过自我反思、深刻理解的知识也无法帮助学生增长智慧，这样的学习只会加重学生的学习负担，而没有实质意义。这样的教学普遍存在的问题是缺乏深度，浮于表面。学生在课堂教学过程中只处于被灌输知识的状态，从而造成对知识的浅层理解、机械记忆、简单运用和浮于表面。而深度教学作为提升课堂教学质量的主要教学方式，是当前课堂纵深改革的实质和方向。深度教学承载着变革课堂教学形式、提升学生素养的重要使命。因此深度教学理念的实践是促进教育方式转型的主要推手，是课堂焕发生命活力的重要源泉，对初中散文教学的应用具有深远意义。

# 初中散文深度学习的研究现状

尚　辉

## 一、国外研究现状

深度教学的提出源自深度学习理念，而最早进行深度学习的研究，是计算机科学、人工神经网络和人工智能等领域。在人工智能领域，深度学习作为一种算法思维，其核心是通过对人脑的深层次抽象认知过程的模拟，来实现计算机对数据的复杂运算和优化。随着脑科学、人工智能等科学领域的飞速发展，深度学习不断取得重大成就，引起了教育界学者们的高度关注。

然而，早在1956年布鲁姆就在《教育目标分类学，第一分册：认知领域》中将认知领域的教学目标划分为"识记、理解、应用、分析、综合、评价"六个维度，六个维度由表及里依次排列。识记和理解是较为表层的低阶思维活动，应用、分析、综合、评价是较为深层的高阶思维活动。美国学者弗伦斯·马顿（Ference Marton）和其他学者也在20世纪50年代对学生的学习情况展开了相关研究，并于1976年和罗杰·萨尔乔（Roger Saljo）联合发表了《学习的本质区别：结果和过程》一文，他们在文中首次提出了深度学习和浅层学习两个概念，并做出了明确的论述。在此之后，许多学者也相继进行了更加深入的研究，逐渐形成了较为系统、成熟的理论体系，并将理论与实践不断结合。由此，深度学习的研究不断深入发展，直至近年来，加拿大学者艾根（K.Egan）的《深度学习：转变学校教育的一个革新案例》创新性地提出了深度学习的知识观、学习观、教学过程和学习方式，并在部分中小学中收到了良好的实践效果，真正实现了从深度学习向深度教学的转变。艾根的研究明确地指出了学生对于知识应掌握的深度，以及教师需以知识的深层次理解和深度处理为着眼点，引领学生进行深度学习。

综上可知，国外对于深度教学的研究源自学生的深度学习，在探讨学生如何能够进行更深刻的学习的同时，指出了教师的重要作用，提出了相关的教学策略，并慢慢发展成较为完善的体系，逐渐应用于实践之中。

## 二、国内研究现状

### （一）深度教学在语文学科的研究现状

深度教学理念由国外学者提出后，自2009年我国学者对其开展了相关的研究起，逐渐开始影响我国的教育教学层面，并且渗透到一线教学实践当中。笔者以"深度教学"为主题在知网上进行检索，共有446条结果，因数量过大，且研究对象为语文学科，因此缩小范围去除其他学科领域的文献，最终符合要求的有69篇文献。笔者将其分为四类进行综述。

#### 1. 对深度教学的内涵进行研究

学者李松林的文章《深度教学的四个实践着力点——兼论推进课堂教学纵深改革的实质与方向》《深度教学的四个基本命题》指出了当前课堂教学存在的问题，并分别从着力点和基本命题入手进行研究。学者郭元祥也在《论深度教学：源起、基础与理念》一文中提出，"深度教学是要求学习者深度理解知识内涵，主动建构个性化的知识系统和意义系统，并有效迁移用于解决真实情境中的问题，追求在获得知识意义、建立学科思想、发展学科能力、丰富学科经验的基础上养成学科素养"。以上学者在充足的理论支持下，全面地建构了深度教学的体系。

#### 2. 深度教学下的能力培养

在《新课程三维目标与深度教学——兼谈学生情感态度与价值观的培养》一文中，郭元祥教授和姚林群指出深度教学在教学目标、教学内容、教学方式和教学结果方面具有不同于传统教学的特征，其有助于培养学生情感态度与价值观目标的达成。姚林群也在自己的博士论文《课堂中的价值观教学》中，继续深入地探讨了如何在课堂教学的层面将深度教学和价值观培养问题相联系，具有较强的实践意义。

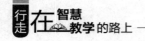

**3. 深度教学下的教学变革**

郭元祥的《课堂教学改革的基础与方向——兼论深度教学》《论学习观的变革：学习的边界、境界与层次》，罗祖兵的《深度教学："核心素养"时代教学变革的方向》和伍红林的《论指向深度学习的深度教学变革》都对深度教学下的教学变革提出了自己的见解。郭元祥教授从学生的角度出发进行研究，罗祖兵认为"有限、多元、情感"的教学才是课堂改革的根本方向。

**4. 关于深度教学的实施策略研究**

关于教学策略的探讨占据深度教学研究的大部分，学者们大多以此作为研究的核心展开论述，探究深度教学理念在实践中的可行性和操作性，为一线教学提供理论支持，且视角广泛，有的学者以课堂建设为切入点，有的学者从课例入手分析，有的学者进行某一视角下的深度教学研究。笔者依据内容将研究进行了简单分类。

（1）课堂建设

郭元祥在《丰富课堂的教育涵养——谈课程改革的深化（1）》中提出，当前停留于技术层面的课堂教学改革导致的"结构性沉默"现状，应注重课堂建设的发展性转变。李松林在《回归课堂原点的深度教学》中提出，回归课堂原点的深度教学是当前课堂教学改革向纵深推进的实质与方向。万荣庆在《改善教学设计结构　转变课堂教学方式——常州市新北区"板块三串式"深度教学设计的探索》中提出，优化教学设计结构是实现深度教学的必要路径。

（2）深度教学下的课例研究

《给〈背影〉一点色彩——深度教学视域下的〈背影〉教学反思》《读出感情方是深度教学的关键——由〈生命的壮歌〉引发的跨学科学习反思》等文献均以教材中的文章为例展开研究，提出了具有针对性的教学策略。

（3）某一教学视角下的深度教学研究

这方面的文献主要分为两个方面，一方面是以深度教学为视角进行研究；另一方面是基于某视角下的深度教学研究。例如，王玉婷在其所写的硕士论文《基于深度教学知识观的课堂导入策略研究》中提到，以深度教学的知识观为指导，对课堂导入的内涵及其相关概念进行界定。郑新丽在《核心素养视域下的语文深度教学》一文中指出，深度教学与核心素养的内涵是融通一致的，其旨归也是高度统一的，所以基于核心素养的视角下，提出了教师应该引导学生进行深入的语文学习。

（4）针对学术观点的思考与探讨

陈际深的文章《教育的功课——王玉强〈深度教学〉品读》和王淑英的《留将一面与梅花——读王玉强老师〈深度教学——构建优质高效课堂的方法〉有感》，都针对王玉强老师的文章写出了自己的感想，但所谈所感于教学应用方面较薄弱。

**（二）初中散文教学研究现状**

我国学者对于散文教学的研究比较多，也比较全面。笔者通过中国知网对2014—2019年近五年发表的文献进行检索，以"散文教学"为主题共检索出期刊、博、硕士论文共600余篇，后在600余篇中进行了筛选，保留初中中国现当代散文教学相关文献，剔除了有关于"写作教学""小学""高中""大学""中职高职""专科""文言古代"或具体某一位文学家的散文作品等无关的内容后，将其分类整理如下。

**1. 依据散文特质（语言、情感、文体特征等）进行教学研究**

杜利平的文章《品味语言·感受情感·体会意境——试述初中语文散文教学之"法"》指出，散文教学要注重语言、情感、意境的赏析，才能使学生真正学有所得。《渗透文体意识 生成语文素养——叙事散文的教学策略》一文论述了叙事散文的具体教学策略，提出在教学中教师应该有意识地培养学生的问题意识。《关注情感体验 构建快乐课堂——以写景抒情散文〈三亚落日〉的教学为例》一文指出，在写景抒情散文时，教师应充分调动学生的情感因素，唤起学生的情感体验，促进认知与情感的和谐发展，构建轻松和谐的散文教学课堂。

**2. 某一教学模式或教学视角下的散文教学研究**

这一类文献占散文教学研究的大部分。例如，南京师范大学常丹丹的硕士论文《情境教学在初中散文教学中的应用研究》基于语文学科的特点和课程标准具体要求，并结合情境教学在初中散文中的实施策略三个方面的考虑，将情境教学作为初中现当代散文教学的突破口，做出了系统化的论述。李丹丹的《比较阅读法在现代散文教学中的运用》将散文教学置于比较阅读的视角下，将选文内容分为写景、写人、记事三个方面并展开解读，以达到优化生本对话、提高阅读能力的目的。此外，学者们还提出了文本细读、接受美学、整体阅读观等一系列探究散文教学的多元视角。

**3. 具体作品教学研究**

这一类型的研究占散文教学的大部分。这类学者大都对某一篇具体作品或初中散文名篇中的代表作家进行了针对性研究。例如，李华平的文章《映射在"背影"上的是什么？——朱自清〈背影〉教学解读》结合朱自清的《背影》进行了详细解读，提出散文解读应注重"向内转"，沉入文本，才能准确领悟作者的思想感情。而应婧文的硕士论文《人教版中学鲁迅作品教学内容的整体性开发研究》则对人教版语文教科书中的鲁迅选篇进行了系统化梳理，并由此提出基于教学内容研究的散文名篇应该怎样教学的问题。《以〈鸟啼〉为例谈散文教学内容的确定》一文，以苏教版的课文《鸟啼》为例浅谈了散文教学内容如何确定。

**4. 散文教学资源研究**

《论多媒体技术促进初中语文开放式教学方法》一文指出，在信息技术不断发展的今天，教学形式也发生新的转变，利用多媒体教学有助于激发学生学习兴趣，打破思维僵化的牢笼，是不可或缺的教学资源，对于散文教学具有很大帮助。

**5. 散文教学中的能力培养**

在《初中现当代散文审美性阅读教学探究》这一硕士论文中，作者提出在初中现当代散文教学中进行审美培养，指出散文教学的基本理念与原则，进而提供初中现当代散文审美性阅读教学的基本思路与方法，以实现教学功能与教育价值。《散文阅读教学旨在培养学生的文学思维》一文中提出，教师要在散文教学时关注学生文学思维的培养。

## 三、述评

通过2009—2019年深度教学在语文学科领域研究的文献统计图（见图1），我们可以直观地看出，语文学科的深度教学研究自2009年开始，至2017年成波动式上升，并在2017年达到文献数量顶峰，但由2017年至今则呈下降趋势。可见，国内学者对于深度教学的研究热度有所下降。

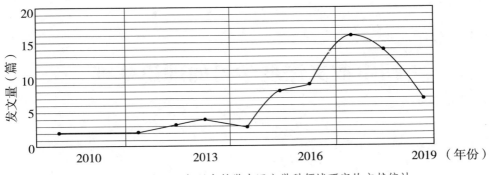

图1　2009—2019年深度教学在语文学科领域研究的文献统计

　　我国在推进语文课程深层次改革的时代背景下，课堂教学研究正处于一个纵向深入与横向拓宽的调整时期。通过梳理国内学者对语文学科深度教学的研究，我们可以看出研究总体数量较少，研究内容也较为单一。除以郭元祥教授及其学生的系列研究和李松林教授等知名学者的研究较为详尽外，其他学者在理论或实践的探索上略有欠缺。且笔者发现学者们的研究大多从宏观层面上入手，缺少与具体文体的结合，针对性较差。而当前的初中散文教学研究已颇具规模，数量可观。但大多集中于具体某一篇课文的教学探究，具有较强的局限性。其他能够展开详细论述的文章，较少以新时代下强调素质教育的当下作为研究背景，并未结合课程标准的最新要求找到研究视角。所以，笔者将研究内容定位为初中阶段散文教学，并结合具有实践性的深度教学视角，将深度教学理念具体化，以期弥补当前散文教学研究的不足，探索出符合新时代人才发展要求的，具有实践性、针对性、可行性的初中散文教学策略。

# 初中散文深度学习的理论基础

尚 辉

## 一、建构主义理论

建构主义理论是产生于20世纪的关于知识和学习的理论，在诞生之际就被认为是一场教育心理学的革命，它的观点颠覆了传统的学习理论和教学思想，是推动教育发展和课程改革的重要助力，对教育学和心理学影响深远，意义重大。

建构主义的知识观认为学生对于知识的习得并不仅仅限于老师对学生的教授，因为在学习之前，学生本身已经具有一定的知识和经验，这些知识和经验作为认知的基础，不断将新知识纳入原有的知识体系之中进行重新建构，以完成对新知识的学习。正如皮亚杰所说："知识是在主客体相互作用的活动之中建构起来的。"

建构主义的学习观认为学生的学习并不依靠于教师的单向传递，学习过程是以原有的知识结构作为基础，兼容吸收并改造新知识，将其加工并转化为自身知识结构中的一部分，以达到对于新知识的理解和学习。整个学习过程中是学生自主建构，消化吸收而建立的，新旧知识体系在个人的认知过程中相互联系、相互转化，从而使学习者获得分析问题、解决问题的能力。建构主义学习观极大地肯定了学生自主学习的能力，认为"学习是一种能动建构的过程"，不能只是被动地接收信息，反复地机械记忆，而是要根据个人已经具备的信息和经验，积极选择，主动加工，重组处理，从而建构新知识新经验的学习过程。

　　建构主义的学生观认为当一名学生在接受新知识，进行学习时，一定会受到原有知识结构的影响，他们在头脑中已经具备了基本的认知能力。但是，由于每个人的生活环境、家庭教育、先天因素等一系列影响认知水平的因素有所差异，直接导致了学习结果的不同，甚至相差较大。每一名教师都应该正确对待这种差距，将学生已有的知识经验当作一种不可多得的教育资源，以此作为教学的出发点，尊重差异，因材施教，以促进学生的个性化发展。换言之，建构主义的学生观注重学生发展的差异，尊重个性，以推动学生健康舒适地成长。

　　建构主义的教学观认为学生在学习之前已经具备了一定的知识体系，教学的任务就是帮助学生将已有的知识体系升级扩充，进行再建构的过程。建构主义理论提倡学习者的自主建构，教学只是辅助作用，真正能够建构自我知识体系的永远是学生自己。所以，建构主义理论反对传统的教育方式，认为教师的单向灌输，使学生失去了学习的能动性，没有自我吸收、自我消化、自我建构的过程，这样的教学不是真正的教学。

　　建构主义的课程观认为教学与生活息息相关，所以教学要关注学生的现实生活，能够帮助学生解决日常问题，而凌驾于一切之上。因此在课程设置时，教师需要提出具有实际性、真实性的问题，不可脱离生活。而问题也不应过于浅显简单，要具备探究的意义，能够帮助学生深层次地建构知识体系，这种问题最好涉及不同学科的知识内容，进行学科内部的交叉，以锻炼学生融会贯通的能力。课程任务的设置还要注重整体性和阶梯性，引导学生自主探究的能力，由浅至深、由易至难地完成课程任务，从而不断提升个人的知识与技能。

## 二、比格斯SOLO分类理论

　　SOLO分类理论来源于皮亚杰提出的认知发展理论，他认为儿童的认知发展具有阶段性，发展阶段的主要特点是阶段出现的先后顺序固定不变，但每一阶段都具有独特的结构。比格斯在进行研究时直接采用了皮亚杰的认知发展理论，却发现一个人在回答问题时所呈现的思维结构，与个人的整体认知结构并没有直接关系。于是，他们尝试在人们回答问题时检测他们的思维，进而探究他们的思维结构，所以比格斯将其称为"可观察的学习成果的结构"

（Structureof the Observed Learning Outcome，SOLO）。皮亚杰提出的认知发展理论很难确定学生思维的发展阶段，但是学生回答特定问题的思维结构却可以决定他们的思维水平，因此对学生学习水平的评估，也就成为对学生在回答问题时所表现出来的认知水平的评估。据此，比格斯和他的同事提出了SOLO分类理论。

　　研究者对学生在大量回答问题后进行了思维水平的检测，发现个体的思维特征可分为五个层级水平，并以此来表示学习质量由浅至深的情况。这五个层级水平分别为：前结构水平，单点结构水平，多点结构水平，关联结构水平，抽象扩展结构水平。前结构水平是指学生无法理解或解决问题的情况，通常表现为回答问题时逻辑的混乱或出现同义反复等行为；单点结构水平是指学生可以回答出问题，但是思维不够全面，只能涉及问题的单一要点，仅凭一点做出回答；多点结构水平是指学生在回答问题时可以关注到多个要点内容，却无法对要点进行整合梳理的情况；关联结构水平是指学生在回答问题时可以提炼出多个要点，并且根据要点之间的关联进行整理，形成连贯一致的答案；抽象扩展结构水平是指学生具备了较高的思维水平，其不但能够形成完整连贯的答案，而且可以对问题进行抽象概括，从理论的高度进行，使问题从表象延伸至更深的层次。所以，SOLO分类理论在教学领域具有极高的参考价值和应用价值。

# 初中散文深度学习的必要性

尚 辉

　　深度教学理念要求教师以知识的深层次理解和深度处理为着眼点，引领学生进行深度学习。这与我国新时代教育改革的思想不谋而合，顺应了我国基础教育的发展规律。在初中阶段，散文学习作为语文教学内容中不可或缺的部分，发挥着帮助学生发展能力与提高素养的重要作用。因此，熟练掌握课程标准的相关要求，并基于深度教学视角下正确认知散文教学，对教师来说也就尤为重要。

## 语文课程标准中关于初中散文教学要求的阐释

　　课程标准是由国家统一制定的关于人才培养的总目标，依据学科不同分为各学科的课程标准，是各学校和教师在教学时必须遵守的规则章程，以保证教学有迹可循，人才有效培养。语文学科也是如此，在进行语文教学时，教师的首要任务就是熟悉课程标准，做到内化于心，外化于行，从而更好地教学。

　　《义务教育语文课程标准（2011年版）》在"课程目标与内容"第四学段（7至9年级）中明确规定了散文教学所要达到的具体目标，笔者将其分为以下三个阶段：第一，初步掌握。具体包括"能够区分写实作品与虚构作品，了解诗歌、散文、小说、戏剧等文学样式"以及"在阅读中了解叙述、描写、说明、议论、抒情等表达方式"。以前的课程标准一直侧重于对散文这一文学体裁的基础知识教学，并将其纳入能力训练和基础知识教学中。而2011年版的课标指出了学生需要了解有关表达方式的知识，但是教师要将其放在具体文章中教学，不可单独罗列，也没有明确说明散文学习的侧重点，只是需要学生学会区分写实与虚构作品，这说明在散文教学中教师应淡化处理那些系统的、大篇幅的基础知识，强化学生在学习过程中对于文章内容的体会和感悟，将具象知识转化为抽象体会，将理性认知与感性认知相结合，改变以教师讲解为主的教学方式。第二，理解推敲。"在通读课文的基础上，理清思路，理解、分析主要内容，体味和推敲重要语句在语言环境中的意义和作用。"这个目标就要求教师在教学时能够带领学生先读后学，抛弃以往的单向传输及一味地向学生灌输知识，而不进行真正的学习。教学不可操之过急，只有循序渐进地从熟悉文本开始，才能更加顺畅地进行内容的分析和词句的推敲，以达到事半功倍的教学效果。第三，深入品味。"欣赏文学作品，有自己的情感体验，初步领悟作品的内涵，从中获得对自然、社会、人生的有益启示。对作品中感人的情境和形象，能说出自己的体验；品味作品中富于表现力的语言。""对课文的内容和表达有自己的心得，能提出自己的看法，并能运用合作的方式，共同探讨、分析、解决疑难问题。"这就可以看出，散文教学已经不再是将教师的理解和分析直接灌输给学生，课标要求学生能够提出自己的看法，并运用合作交流的方式解决问题，这与建构主义理论相符，进一步肯定了学生需要在自主建构的基础上习得知识，并能够通过主动思考去解决问题，以提升思维能力和培养辩证精神。而学生的情感体悟也应联系现实，形成独有的心得体会，并进行表达阐释。因此，散文教学必须尊重学生的认知结构和情感体验，注重个性化教学。在教学时，教师能够给予学生充分体会的过程，使其在品读感受之后，自由建构、自主领悟，并鼓励他们勇敢地表达自己的心得和独特的阅读体验。

2011年版课程标准中的阅读教学具体实施建议也提到了"阅读是运用语言文字获取信息、认识世界、发展思维、获得审美体验的重要途径""阅读是学生的个性化行为""教师应加强对学生阅读的指导、引领和点拨，但不应以教师的分析来代替学生的阅读实践，不应以模式化的解读来代替学生的体验和思考"　"阅读教学应注重培养学生感受、理解、欣赏和评价的能力"　"在理解课文的基础上，提倡多角度、有创意的阅读，利用阅读期待、阅读反思和批判等环节，拓展思维空间，提高阅读质量"。由此可见，2011年版课程标准对于教师和学生在文本阅读方面提出了一些新的要求。在进行教学时，教师不可以一味地讲解书本知识，尝试将其单向地灌输给学生，一元化的文本解读已经不再适用，而是要努力营造出一个属于学生、教师、编者、文本的多维对话的活力课堂。

所以，散文在进入教学领域后，我们就不能仅仅将它看作一种特殊的文学形式去进行教学或者学习，还要考虑到它进入语文学科的教学价值。如果我们只是将其看作一篇美文或者佳作，如同普通读者那样以获取文章内容为主要目的阅读散文，就失去了散文选入教材的重要意义。当散文进入语文学科的教学领域之后，面对的读者是教师和学生，散文阅读就具备了教育的作用。教师需要依据课程标准，针对文本、对象和实际生活需要，灵活应用散文篇目，根据教学的实际情况，对教材所选的散文文本进行使用和重新建构，进而确定系统而详细的散文课堂教学内容，培养学生的阅读能力、文本解读能力、情感升华能力以及批判思辨能力，全面提升学生的核心素养。

# 深度教学视域下的初中散文教学内涵

语文作为一切学科学习的基础，拥有不可比拟的教育作用，阅读教学作为语文教学的重要组成部分，不仅影响着个人的发展，而且事关一个民族的文化的延续。然而，我国施行的各版语文教材，散文篇目占据了教材选文的大半江山，这种情况正如王荣生先生在《散文教学教什么》中所说的那样："由于历史的机缘和人为的选择，我国中小学语文教学的主导文类，一直是散文。"那么，如何进行散文教学成为学界一直探讨的问题。2014年教育部《关于全面深化课程改革　落实立德树人根本任务的意见》正式颁布，培育学生的核心素养便被置于基础教育界深化新一轮课程改革的核心地位，语文教学也就随之迎来了一场观念和模式的挑战。其中散文教学作为课堂学习的重要部分，也亟待朝纵深发展方向转型，这一要求与深度教学理念相适应，深度教学以学生的知识建构、能力提升、素养培育为价值取向，关注学生高阶思维的培养、对话深度体悟和批判学习精神，强调学生在学习时发挥能动性和发展性。深度教学理念是符合时代发展潮流的，是散文教学现状的理论基础。因此，笔者基于深度教学理念，提出了初中阶段散文教学的四方面内涵。

## 一、知识建构有宽度

知识是教学行为的基础，散文教学也不例外，散文教学要想突破长期以来在知识符号表征层面停滞不前的困局，就需要引导学生把握知识的逻辑结构和本质来源，分析知识的实践规律和融合转化，理解知识的内在价值和外在运用，这样的教学才能真正达到深度。可见，知识的建构需要宽度，但宽度并不等于宽泛，散文知识繁多，教师不能将知识一股脑地抛给学生，妄图以量取胜，教学应该做到取舍，散文学习需要学生真正扎实掌握知识，才能有利于学生知识体系的建构。初中生正处于生理和思想发育的关键时期，教师必须帮助学生建构起有宽度的知识框架，这样才有利于学生的深度发展。

例如，教师讲授部编版七年级上册语文教材第一单元中的《济南的冬天》时，学生不难看出这篇文章意在表达作者对于济南冬天的喜爱以及怀念之情，但是如果这篇散文的教学止步于此，就浪费了编者选文的意图。《济南的冬天》这篇散文中蕴含了大量的修辞手法，教师可以从原文举例，生动形象地向学生展示运用修辞手法的优点，以此拓展知识宽度，让学生在知识的学习中进行深度建构。

## 二、思维培养有高度

随着课程改革的深入推进，对于学生思维的发展和训练越来越受到社会的关注，提升思维能力有利于个人的专业学习和终身发展，因此语文教学也应将思维的培养置于重要地位。在散文教学中，学习者要想准确把握文章背后的深刻内涵，就需要利用逻辑思维、辩证思维、批判思维等，将碎片化的符号信息整合成一个结构化的体系，由碎片形成系统，才能达到思维训练的目的，正如SOLO分类理论中前结构水平、单点结构水平、多点结构水平、关联结构水平、抽象扩展结构水平五个层次一样，只有将抽象变为具体，才达到了深层次的思维水平。所以，思维的高阶训练与深度教学相辅相成，培养学生的高阶思维是深度教学的首要目标，也是实现深度教学的前提条件，而深度教学也能够促进学生高阶思维能力的发展。

例如，在进行部编版七年级下册第五单元《紫藤萝瀑布》一课的教学时，教师可以抓住文章的两个矛盾点进行思维的训练："作者的弟弟身患重病，生命垂危，在那样的情况下作者看见紫藤萝时竟然感到了喜悦这是为什么？""作者为何在描写现实生活时插入了对'文化大革命'时期紫藤萝境况的描述？"这两个问题环环相扣，彼此联系，不但有利于学生对于背景知识的挖掘，而且将问题的解决推向了深度，这才是思维的高阶训练。

## 三、批判理解有深度

在初中阶段，学生的思维形式已经从"具体形象思维"发展到"抽象逻辑思维"的思维水平，在心理发展层面展现出了质的飞跃。学生在这时已经能够理解一般的抽象概念，可以独立地思考和审视课本知识，对于教师的观点常提出不同看法，并且期望自己的观点能够得到认可，对问题的看法更具有多元化和个性化的特征。这些情况恰恰表明了初中阶段正是发展批判思维的最佳时期。在教材中，散文的选篇为教学提供了丰富的认知对象，教师应当引领学生积极探索，进行深层次的批判理解，促进学生的深度体验。

以部编版八年级上册第四单元的课文《白杨礼赞》为例。《白杨礼赞》是茅盾先生的佳作，这篇文章之所以在选文系统中留存至今，除了是作者实地考察后的有感而发，引起人们强烈的情感共鸣外，还在于文章一字一句中蕴含着深刻的斗争精神和优秀的革命品质。教师可以此引导学生进行改写、仿写，品味其中的不同之处，进行批判式学习。经过这样的锻炼，学生提升了自信，敢于提出自己的观点，也促进了批判思维的形成，使认知更深刻。

## 四、对话交流有厚度

语文是中华民族精神和文明智慧的象征符号，散文深度教学要求教师引导学生运用思考分析、综合梳理等高阶思维，深入挖掘文章背后传递的信息，细细品味文本中的精华，这一过程离不开教学中的对话交流。对话是师生、文本之间沟通的桥梁，教学参与者只有在教学中进行有效沟通，推动学生由"言"成"思"的深度发展，才会帮助学生理解认知。

以部编版八年级下册《安塞腰鼓》的教学为例。安塞腰鼓作为陕西省的民俗舞蹈，是传统文化的象征，教师在讲解这篇文章时应带着文化传承的使命感，向学生展示民俗文化浓厚的生命力。随着科技发展的日新月异，网络成为人们娱乐消遣的主要方式，学生距离这些古老的民俗文化越来越远，但它们却是中华文化不可或缺的一部分。所以在教学时，教师应当以此为契机，以对话作为桥梁，带领学生进入民俗文化的深处，实现有厚度的交流，激发学生对中华文化的热爱。

# 初中散文深度教学现状调查

尚　辉

　　理论是实践的基础和前提，深度教学理念关注教师更深入地"教"和学生更深入地"学"。因此，为了了解深度教学理念是否能够为散文教学提供切实可行的理论和实践支持，发展学生的高阶思维和深层次认知，为当前的教学改革提供新思路，带来新启发，笔者展开了一次现状调查。本次调查运用了课堂观察、调查问卷、教师访谈三种方式，全面真实地还原了初中散文课堂的教学面貌，并发现了当前教学中存在的一些问题。例如，教师自身理论基础较为薄弱、对教学中的思维培养有所欠缺，课堂对话较为局限以及学生缺乏对学习的兴趣、认知不足等问题，笔者将其整理于下。

## 初中散文课堂具体设计及实施

### 一、课堂观察

　　笔者深入初中散文课堂，采用非参与性的研究方式进行观察，以课堂主体、思维培养、批判精神、知识记忆、课堂对话五个项目为主要观察内容制作了课堂观察记录表。课堂主体考察教师在教学过程中是否能以学生为主体进行；思维培养考察教师在教学时是否注重对学生高阶思维的培养；批判精神考察教学时教师是否有意识地引导学生进行批判思考；知识记忆考察教学活动中学生对于知识的认识是以机械记忆为主还是以理解记忆为主；课堂对话考察在教学时师生是否有交流对话，以哪种形式为主。本次调查以期剔除主观因素的影响，详细记录教师和学生在课堂教学时的实际情况，真实还原教学现状，做出客观分析。

## 二、调查问卷

笔者针对我校初中学段三个年级的语文老师和学生发放了调查问卷，问卷分为教师版和学生版，共计发放教师调查问卷20份，学生调查问卷500份，按照要求及时回收，以确保问卷的及时性和有效性。在教师和学生们的积极配合下，本次调查取得了较高的问卷回收率和有效问卷率。经过统计，教师版问卷的回收率为100%，有效问卷率为100%；学生版问卷的回收率为98.2%，有效问卷率为99%，基本达到本次调查的预设目标，可以认为这是一次有效的问卷调查。对于已经收回的有效问卷，笔者对所得数据进行了详细的整理和具体的分析，并根据需要提取数据，制成了不同类型的统计图表，直观地表现初中散文教学现状，为相关研究提供数据支持和研究依据。

## 三、教师访谈

本研究将教师访谈设计为课堂观察和调查问卷的补充与深入，访谈对象为我校20名初中语文教师。访谈主要了解教师们对于当前散文教学的理解、将深度教学理念应用于散文教学的案例和实施困境，是对以上调查的必要补充。笔者在这一环节设计了七个问题，具体内容如下：作为初中学段的语文教师，您认为散文教学的意义是什么？您认为在散文教学中最应该让学生学习到什么？您在对学生进行散文教学时，自己会获得提高吗？您在教学中会忽略对于学生思维的培养吗？您认为散文学习对学生的批判式理解有帮助吗？您可以讲一个将深度教学理念应用于散文教学中的课例吗（具体方法、教学效果、教学评价）？您认为将深度教学理念应用到散文教学中所遇到的困难是什么（可结合具体年级详细说明）？在教师们的配合下，笔者将此次访谈得到的有效回答作为研究的补充资料进行整理。

# 初中散文课堂调查结果及分析

## 一、课堂观察结果及分析

随着课堂改革的深入推进，各学科教学经历了颠覆性的变化，语文教学作为兼具工具性与人文性的基础学科也不例外。如何能够评价一节课的好与坏，课堂观察无疑是最好的方法。课堂观察因其自身的客观性与科学性，具有公正性，有利于为一线教师提供参考，查漏补缺，有利于促进课堂教学的积极健康发展，是调查研究中不可或缺的方法之一。据查阅文献我们可知，现有的关于深度教学理念的课堂观察研究成果已较为丰富。例如，盛刚认为课堂观察可从"学生的参与度、教学的适切度和评价的延伸度等维度厘清"；王刚认为"从知识与问题、情感交流、学习活动、学习效果、学习状态、学习环境、学习体验等方面"的评价最为有效；张浩则认为"从记忆方式、知识体系、关注焦点、投入程度、反思状态、迁移能力以及思维层次七个维度比较深度学习和浅层学习的异同"更为重要。在学者大量研究的基础上，笔者以比格斯SOLO分类法中的五个思维层级作为基础，制定了课堂观察记录表，以此为依据考察散文课堂深度教学理念的实施情况。

笔者深入初中散文课堂，针对初中三个年级的散文教学，以每节课为单位，采用了非参与性课堂观察的方法进行调研，并利用课堂观察记录表分析得出了初中阶段三个年级的普遍性问题，具体情况如下。

### （一）学生的主体地位基本落实

通过分析课堂观察记录表中的数据可以发现，教师在散文课堂中落实学生主体地位的比例达到92%，这说明一线教师能够认识到学生在教学活动中的主要作用。

## （二）对学生批判精神的培养不够注重

经过课堂观察以及数据统计，笔者发现初中教师并未清晰地意识到批判精神对于学生成长的重要意义，并在教学时基本没有引导学生进行辩证的思考，此种情况占71%。

## （三）对学生高阶思维的培养不够到位

学生高阶思维能力的提升是当前教育的重中之重。笔者针对此，从两个方面分析当前教师对于学生思维能力培养的情况。一是教学时的问题设置，二是知识记忆的情况。据观察可知，教师问题设置具有阶梯性，能够起到思维培养作用的情况较少，仅有46%的比例，其中大部分问题的设置较为简单，无法锻炼学生的高阶思维能力。在进行知识记忆时，教师也通常以机械记忆为主，这种情况在调查中高达82%，而较少引导学生进行理解记忆。由此可知，当前教师对于学生高阶思维的培养仍不到位。

## （四）散文课堂中对话的形式不够多样

此项目主要考察在教学中是否存在对话交流，并以何种形式进行。通过笔者实际考察发现，教师们都注重教学时对话的创建，意识较好。但是课堂对话形式较为单一，在教学中教师大多选择了以师生问答为主、生生讨论为辅的交流形式，对话形式传统且有限，直接导致学生参与度不高，教学效果不佳。

# 二、调查问卷结果及分析

笔者采用调查问卷的形式，就初中学段深度教学和散文教学的现状进行提问，展开调查。调查问卷分为教师和学生两种类别，并根据不同的对象分别设计了具有针对性和实际性的问题，以期最大限度地对现状进行真实有效的反馈，作为分析问题和解决问题的基础。教师版调查问卷以初中三个年级的语文老师为调查对象，共计20名，每人一份，问卷共有10题，且只涉及选择题一种题型，具体包含对深度教学理念的了解、运用，散文教学的着眼点等多方面问题。学生版调查问卷以初中三个年级的学生作为调查对象，预计发放问卷500份，每人一份，问卷包含10题，同样只涉及选择题一种题型，但内容有针对性，以求在不占用学生过多个人时间的情况下，提高调查结果的有效性。

根据调查问卷的形式，笔者将问卷的结果分为教师情况和学生情况两个维度进行分析,具体如下。

**（一）教师情况**

**1. 教师对散文教学的认知情况**

要想上好一节散文课,教师首先需要对散文教学有清晰的认知,这是教学的前提与基础。因此笔者从教学着眼点、课堂对话、批判精神、思维能力四个角度入手,设计了问卷的1~4题,调查教师对散文教学中各个方面的认知情况。

在"您认为进行散文教学的着眼点是什么"这一问题中,如图1所示,有90%的教师认为要将学生实际情况和课标要求相结合。

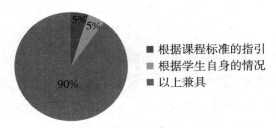

图1　散文教学着眼点调查状况

在散文教学课堂对话时,教师通常愿意采用教师提问、学生回答的对话方式,此种情况达到65%。而生生讨论和在教师指导下的学生对话都仅各占15%,如图2所示。

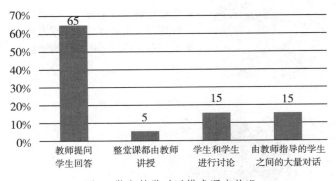

图2　散文教学对话模式调查状况

对于批判精神的培养,笔者通过分析数据发现,当前对于初中生批判精神培养的现状为:有74%的教师认为培养学生的批判性思维应根据课文内容决定，16%的教师会在散文教学时进行针对性训练，10%的教师认为批判性思维的培养不必在散文教学中进行，如图3所示。

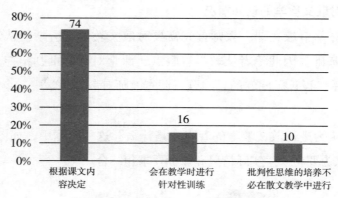

图3　散文教学批判精神重视程度调查

根据数据分析的结果可以看出，当前一线教师对于初中生应达到的思维水平具有较为统一的共识，即学生的思维水平不能仅仅停留在理解文章主旨和做出课后练习的层面，这种情况各占10%，认为更应该到达领悟文章背后深刻内涵的水平的占80%，如图4所示。但在笔者所做的课堂观察记录中显示，在教学行为中，教师未关注到思维能力培养的比例已达到60%，超过半数，如图5所示。可见，教师虽然知道思维能力培养的重要性，但仍然未落到实处。

图4　学生思维能力调查状况

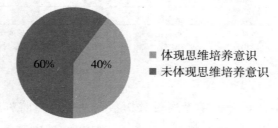

图5　课堂中思维能力培养比例调查状况

综上可知，教师对于散文教学的理解认知在总体方向上并未出错，但是对于具体方面仍然存在偏差，在课堂对话、批判精神、思维能力方面均有所欠缺。教学是一项师生双边、双向的行为活动，是"教"与"学"的整体统一，教师的认知混乱也将直接影响学生的学习效果。

**2. 教师对深度教学理念的理解情况**

教师对深度教学的理解程度将直接影响课堂教学的效果，因此笔者特针对此种情况展开相关调研，向语文教师队伍进行问卷调查，并通过对结果进行数据分析，直观地掌握了初中语文教师对深度教学理念的了解情况。根据统计数据，20位教师中只有10%的教师对深度教学基本了解，对其了解得并不详细的教师占据绝大多数，高达70%，如图6所示。

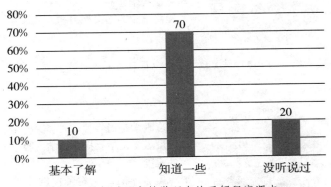

图6 教师对深度教学理念的了解程度调查

但是，教师队伍能够保有较强的深度教学意识，知道教学的深入必须要在课前了解学情，课中引导启发，以及课后布置作业的基础上进行，如图7所示；并明确了深度教学理念在散文中应用的最终目的是提高学生的语文能力和人文素养，如图8所示。尽管如此，理论基础的薄弱却直接造成了教师对深度教学内涵的认识不足，认为深度教学是指将教学内容深度化的占30%，认为深度学习是指要提升教学内容难度的30%，而认为深度教学是着眼于教师深度地教和学生深度地学的只占40%，如图9所示。这个比例虽然略高，但从其结果较为平均的情况足以看出，当前教师基础理论欠缺，对深度教学理念了解不足。

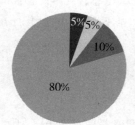

图7　教师在深度教学中关注点的调查情况

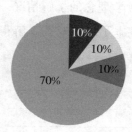

图8　深度教学理念应用目的调查状况

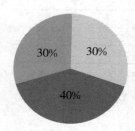

图9　教师对深度教学的认知状况

### 3. 教师对深度教学的应用情况

为调查语文教师对于深度教学理念的应用情况，笔者设计了以下两个问题：其中"您在散文教学中运用过深度教学理念吗"，结果显示只有5%的教师经常运用，偶尔使用者占57%，不了解、没有使用过的教师占38%。而在"您认为深度教学理论对于散文的实际教学有帮助吗"一题中，认为有帮助的教师为47%，未超过半数。

通过对教师版调查问卷10道题的数据分析，可以看出教师们整体意识良好，能够在总体上正确把握散文教学和深度教学的重要性，但是在具体方面仍然存在认知混乱、理解不足等问题，例如，教师不能够正确认识深度教学理念，以及不能够帮助学生转换思维、提高批判意识、加强对话交流。教学不是教师一个人的独角戏，教学的目的是让学生更好地成长，教师的不足将直接影响学生的学习效果，正因为如此，教师也就无法做到将深度教学应用于教学实践中去，无法引导学生真正走入深度学习的境界，帮劝学生全面发展。

（二）学生情况

**1. 学生对于散文的学习兴趣**

为了探究学生的散文学习情况，笔者设置了"你喜欢学习散文吗"这一问题，通过整理答案可以看出，初中三个年级中的学生喜欢学习散文的人占23%，因为考试而不得不学习散文的人占45%，不喜欢学习散文的人占32%。由此可见，三个年级的学生普遍存在着对散文学习兴趣不足的情况。

**2. 学生对于散文学习的认知情况**

为了客观有效地调查初中学生对于散文学习的认知情况，笔者特设置了相关问题，以求找到初中生在散文学习中存在的普遍性问题。经过调查整理和数据统计，笔者发现，从初一到初三三个年级的学生都可以很清晰地认知到一节成功的散文课标准是气氛热烈以及积极互动，学生能学到相关知识，课堂活动具有吸引力，并且能够通过学习独立高效地完成课后作业，即问卷选项E。对此选择，七年级为86%，八年级为85%，九年级为90%，再综合数据后可知，总体共有87%的学生选择了此答案，这说明初中生已经能够从总体层面上准确地判断出一节散文课的优质与否，如图10所示。

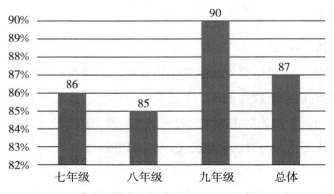

图10　学生对散文课标准的认知及总体情况调查

　　学生们对于散文学习的具体认知上呈现出偏差，虽然三个年级的学生在问卷调查中所选答案的倾向略有不同，但总体分析后仍然可以得出具有普遍性的结论。例如，在学生对于散文学习的意义这一问题中，大部分学生认为是为了了解更多的文学形式，只有23%的学生认为有助于世界观、人生观、价值观的树立，并且有相同比例的人认为只是基于考试要求，如图11所示。在学生认为学习散文的作用一题中，28%的人认为有利于更好地进行课外阅读，30%的人认为有利于考试获得高分，42%的人认为有利于获得个人发展，这一选项仅以较小比例获得优势，如图12所示。

图11　散文学习意义调查状况

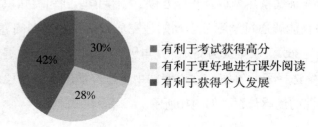

图12　学习散文的作用调查状况

### 3. 学生的对话意识

　　语文教学离不开对话交流，散文课堂亦是。从问卷调查中可以看出，三个年级中学生的对话意识较为偏狭，无论是哪个年级，都更倾向于与教师交流沟通的占40%，与同学讨论的占26%，与一切可沟通的载体交流的仅占12%，并且有22%的学生认为学习与对话交流无关，如图13所示。

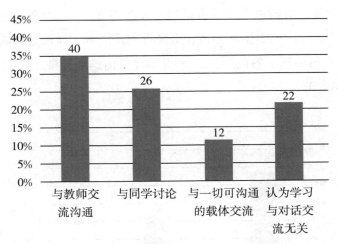

图13 学生交流模式的倾向性调查状况

### 4. 学生对于教学的侧面反映情况

为了进一步确定教师在教学时的情况，笔者也针对教师的课堂教学进行了调查。调查反映，教师在引导学生思考时，引导启发的只占34%，大部分情况下都采用了分析文章和直接说出答案的方式。而对于问题的设置也未将启发性作为依据，学生普遍认为问题较为简单，如图14所示。可见，教师对在散文教学中学生思维能力的培养意识较为欠缺。

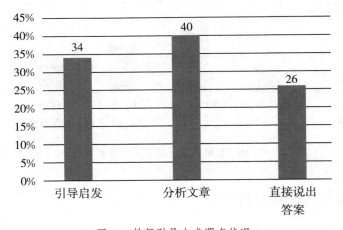

图14 教师引导方式调查状况

对于教学时的批判式理解，笔者将三个年级的学生对于"在学习散文时，教师会引导你进行批判式理解吗？"这一问题进行综合分析，如图15所示，发现教师在教学时有时会引导学生批判式理解的占58%，经常会进行引导的比例为33%，甚至有9%的学生不知道什么是批判式理解。而在进行课堂对话时，教师们较多采用一问一答的形式，而指导性对话这种更便于理解的方式仅占16%，如图16所示。

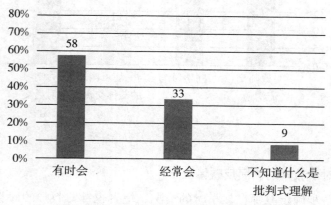

图15　教师对批判式理解引导程度调查状况

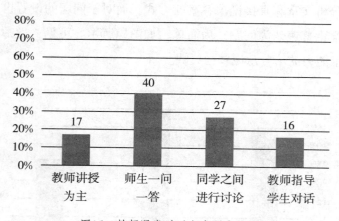

图16　教师课堂对话方式调查状况

## 三、访谈结果及分析

笔者在这一环节共设计了七个问题：作为初中学段的语文教师，您认为散文教学的意义是什么？您认为将深度教学理念应用到散文教学中所遇到的困难是什么（可结合具体年级详细说明）？……除去无效回答后，笔者将其筛选整理为三个方面的答案，具体如下。

问题一："您在对学生进行散文教学时，自己会获得提高吗？"

这一问题在20位教师中获得了共识，老师们普遍认为在进行教学时，也会使自己有所收获，教学中往往可以获得许多超出预设的内容，这些内容使教学更加生动灵活，也往往是教学中的记忆点，使教师们受益颇多。

问题二："您可以讲一个将深度教学理念应用于散文教学中的课例吗？"（具体方法、教学效果、教学评价）

这一问题由于教师们对深度教学理念缺乏系统性、全面性的认识或者根本不了解，因此每个人在谈及具体应用时有所差异，有的是在问题设置方面，有的是在引导过程中，有的是在写作背景挖掘中，但是可以看出教师在教学时都有意识地向深度发展，也收获到了一定的教学效果和正面的教学评价。教师们反映，将深度教学应用到散文中，对学生的发展有益处，对课堂的深度发展也有所帮助。

问题三："您认为将深度教学理念应用到散文教学中所遇到的困难是什么？"（可结合具体年级详细说明）

通过对教师的回答进行分析，笔者发现七年级学生由于基础参差不齐，在教学时往往不能够全面深刻地领会教师的意图，深度教学在实施前期便进入困境。八年级学生已经具备了一定的基础和能力，在深度教学相对容易的方面可以达到基本要求，如课堂对话，但是在思维发展等难度稍大的层面仍有欠缺。九年级学生散文教学深度课堂的效果最佳，可以完成教师对于教学的基本要求，但对个别问题深入不够。

# 初中散文课堂结果总结

随着素质教育的开展，初中学段散文教学的重要意义已经备受认可。散文教学对于中学生的身心成长和全面发展具有多重价值，对优秀的散文作品的学习，不但可以帮助学生增长知识，锻炼思维能力，学习批判精神，还可以进行道德培养，在潜移默化中促进个人修养的提升，推动正确世界观、人生观和价值观的建立，还可以使学生获得深刻的情感体验，弥补自身经历的不足，不断向真善美的情感观念靠拢，而且可以提高鉴赏能力，养成对优秀作品的灵敏嗅觉，散文教学对于中学生的成长至关重要。

现基于课堂观察、调查问卷和访谈的深入进行，我们可以看出，当前教师队伍已经能够对散文教学有一个清晰的认知，在教师版调查问卷"您认为进行散文教学的着眼点是什么"这一问题中，有90%的教师认为要将学生实际情况和课标要求相结合。在课堂观察记录表中，教师在散文课堂中对学生主体的落实比例也已经达到85%，这说明教师已经能够认识到学生在教学环节的作用，教师整体观念呈向上、向好的趋势发展，美中不足的是在实践环节仍有欠缺。对于学生来说，三个年级相比之下，九年级学生的身心更加成熟，认知清晰到位，但是学生对于散文学习的认识整体欠佳，且呈现出一些普遍性问题。

# 教师在教学中存在的问题及成因分析

## 一、现存问题

### （一）深度教学理念了解不足

随着素质教育的深入发展，深度教学理念不应再是与一线教师相距甚远、不为熟知的概念。深度教学有利于语文教学的转型，有利于学生核心素养的提升，是教育从表象走入深层的必由之路。

为了了解深度教学理念在如今散文课堂教学中的应用情况，笔者特此向语文教师队伍展开了问卷调查，在教师版调查问卷中设计了一些与之相关的题目，并通过对结果的数据分析，直观地掌握了初中语文教师对于深度教学理念的了解情况。从其结果较为平均的情况足以看出，当前教师基础理论欠缺。

## （二）课堂对话形式比较单一

在教师版调查问卷的统计中，教师对于课堂对话的进行仍存在局限性。散文教学中教师通常愿意采用教师提问、学生回答的对话方式，此种比例达到65%，学生版问卷中也侧面反映了这一现象。课堂对话是语文教学的支撑，也是教学活动参与者之间的桥梁，语文教学无法脱离师生、生生之间的交流沟通，一节优秀的语文课堂教学必然会有精彩的对话交流。《义务教育语文课程标准（2011年版）》中提道："阅读教学是学生、教师、教科书编者、文本之间对话的过程。"不难看出，课堂对话在教学中的建构需要多元化，学生作为课堂的主体，在教学中的主要地位绝对不可忽视，散文教学作为阅读教学的一部分，也不能例外。因此，广大教师必须树立课堂对话的积极意识，注重主体倾向，构建多元和谐的对话过程，以此提高学生的各项关键能力。

## （三）思维能力培养有所忽略

随着教育改革的推进，对于学生思维能力的培养已经受到了广泛的重视。思维能力的培养越来越成为语文教学的基础和核心，而在初中学段学生的思维能力同样至关重要，在散文教学中，只有教师重视对学生思维能力的培养，才能促进教学向深层次转化，才能帮助学生建构知识框架，而建构主义的学习观也认为，没有经过学习者能动思考、自主转化的学习过程不是真正的学习，没有推动学习者自我思考、主动建构的教学也就不是深度的教学。因此，笔者将对学生思维能力的培养以课堂观察、调查问卷和访谈三种形式进行考察，以寻求具有可参考性的结论。

根据统计结果，当前一线教师对于初中生应到达的思维水平具有较为统一的共识，即学生的思维水平不能仅仅停留在理解文章情感上，更应该到达领悟作品文章背后深刻内涵的层面上。但在实践层面上较为欠缺，笔者所做的课堂观察记录显示，在教学行为中，教师未关注到思维能力培养的超过半数。另外，在学生版问卷调查中也侧面反映出这个问题，教师在引导学生思考时，并没有将引导启发作为常用方式，问题的设置也未将启发性作为依据。综上，可以得出结论，散文教学中对学生思维能力的培养较为欠缺。

## （四）批判精神培养认知欠缺

笔者通过课堂观察、调查问卷、访谈三种形式考察初中散文课堂对于批判精神的培养情况。通过数据分析，笔者发现当前对于初中生批判精神培养的现状：有74%的教师认为培养学生的批判性思维应根据课文内容决定；16%的教师会在散文教学时进行针对性训练；10%的教师认为批判性思维的培养不必在散文教学中进行。笔者又将三个年级的学生对于"在学习散文时，老师会引导你进行批判式理解吗"这一问题进行综合分析，发现经常会进行批判式理解引导的比例仅为33%，甚至有9%的学生不知道什么是批判式理解。课堂观察记录也显示出教师在散文教学时对于批判式理解不够重视的情况。综上可以看出，一线教师在散文教学中并不重视学生批判精神的培养，这也直接造成了学生对批判式理解的认知不足。

培养学生的批判精神是课堂教学转型的新要求，在信息大爆炸的今天，科技的竞争其实就是创新意识的竞争，只有人才培养也占领创新高地，国家才能站在信息时代的前端。新时代的学生如果缺乏批判精神就意味着循规蹈矩，就意味着无法进行再次创新，就意味着我国在综合国力的竞争中将要落后人一步。

## 二、原因分析

### （一）角色认知偏差，不重视理论知识的学习

随着课程改革的深入推进，社会对于教师的要求不断提高，传统教师的角色已经不能够适应新时代的教学需求和人才培养需要。因此，迄今为止，教师的角色已经发生了根本性的转变，不再是以往教学中的主体，不能"一言堂"贯穿整节课，也不能"一本书走天下"，不进行理论知识的更新。如今教师的身份已不仅仅是教学的组织者，更是一名需要进行终身学习的学习者。

在联合国教科文组织国际教育发展委员会发布的《学会生存：教育世界的今天和明天》中有这样一段引人深思的话：那种想在早年时期一劳永逸地获得一套终身有用的知识或技能的想法已经过时了。传统教育的这个根本准则正在崩溃。由此可见，国际上已经发出了对传统教育准则进行颠覆的声音，这一观念的提出，顺应了时代发展的潮流，也对教师提出了更高标准的要求。教育是一国之本，也是我国进行人才培养的核心，要想我国在国际竞争中拔得头筹，教育就必须深入发展，实现向好、向佳的转变，所以"教育改革成败的关键在教师，只有教师专业水平的不断提高才有高质量的教育水平"。教师是教育活

动中至关重要的组织部分，只有当教师队伍的基础知识过硬，才能更好地帮助学生成长。因此，教师必须进行终身学习，这不仅是国家对于教师的要求，也应该是教育从业者对自身的基本要求。而当前的一线教师却忽略了对于理论知识的学习，忽略了终身学习的必要性。在访谈中笔者发现，教师因自身工作的特殊性和忙碌性，对于理论的学习只限于培训这一途径，而忽视了自身学习的重要意义，所以导致了对于深度教学理念认知的不足。语文教学是工具性和人文性的统一，具有其他学科不具备的重要属性，所以一线教师必须重视理论知识的积累与学习，只有掌握基础，才能以认识指导实践，更好地进行教学，促进学生自由而全面地发展。

**（二）理论基础薄弱，导致课堂对话有所局限**

《义务教育语文课程标准（2011年版）》是义务教育阶段语文教学的纲领性文件，是基础语文教育课程的基本规范，也是对语文教学的质量规定和考察依据，同时依然是编写教材、进行教学、考核评估和编制试题的参考文件。这需要教师在教学时达到对于不同学段的学生在知识与能力、过程与方法、情感态度与价值观等方面的基本要求，因此课标对于语文教师、语文教学具有十分重要的指导性意义。一名真正的教师，就必须对课标规定的内容详细把握，认真研读。教师学习课标不能流于表面，流于形式，只为了应付了事，真正掌握课标有利于教师进行更精准、更高效、更优质的教学。

根据课堂对话的现状调查，我们可以看出，教师在教学中能够体现课程标准的基本要求，但是对其深度把握不足，对许多细节性的要求不清楚，也不能准确地落实到语文教学实践当中。比如，2011年版的语文课程标准中明确指出要"积极倡导自主、合作、探究的学习方式"，这就侧面表达了课程标准中对于对话交流的重视，课堂对话是学生主动建构、合作探究的重要形式，是老师与学生之间相互沟通的桥梁，是认识文本的根本途径，是了解编者意图的必要方式，这一点在语文课程标准中也有明确体现，课标中清晰写到：阅读教学是学生、教师、教科书编者、文本之间的对话过程。因此，一线教师必须做到认真研读课标，只有深入学习课程标准，才能对语文教学的对话要求做到准确把握，以推动课堂对话的顺利进行、多元发展。

### （三）过度重视预设，无法推动思维能力训练

一直以来，我国传统的语文教学过于强调片面的知识教学而忽视了对于学生思维的训练，进而导致了学生逻辑能力发展缓慢，思维能力较为逊色的现状。我国现在已经提出了向创新型国家转型的需要，人才的创新思维推动国家的创新发展，那么创新思维从何而来？必然要从学生的思维教育中寻找答案。

不可否认，语文知识的学习是语文教学的基础，这也是从未更改过的教学要求。但是，一味地强调"字词句篇、语修逻文"这样的形式学习，而不重视学生其他能力的培养，单纯强调知识学习，则无法提升学生的思维水平，只是将学生局限于书本知识的小框子中，直接导致了学生思维的狭隘，创新意识的缺失。学生的学习只停留于"读死书，死读书"的层面，导致了学生高分低能。学生就像井底之蛙，偏知一隅而津津乐道，不知他人在思维层面上领先的距离是知识的堆砌所无法弥补的。所以，教师作为教学活动的组织者，应该积极转变学生只是机械地掌握理论知识而思维封闭的现象，教师必须对学生思维能力的培养重视起来。可是，在语文教学中仍存在思维教学表层化的现象，究其原因在于教师过度重视预设，无法推动学生思维能力的训练。

预设性思维方式是一种预先设定好教学环节和教学步骤，然后借助教学本质与规律来对教学存在和发展进行判断、解释、安排、规划、设计的思维模式。预设是教学常用的手段之一，预设生成有利于教师更好地掌控课堂，更顺利地解决教学时的意外情况，但是凡事讲究有度，在语文教学中过度重视预设，教师就会忽视甚至压抑学生课堂上生成的有价值、有意义的问题。而这样的问题是思维能力训练的重要依托。而在预设性教学中，教师将一切教学活动提前安排，设计演示，然后引导学生按照预设的道路走下去，学生失去了学习的主体地位，紧跟着教师的思路，教师就能够不出意外地掌握课堂，但学生也就成为教师的附庸。这样的教学表面上看起来气氛热烈，师生你来我往，进行得如火如荼，顺利地完成了教学任务，但学生却只是沦为了教师的傀儡，没有主动思考问题的过程，没有思维能力的训练，思维依旧封闭而局限。

### （四）缺乏正确认知，忽视对批判精神的培养

在初中阶段，学生无论是从生理发展层面还是从心理发展层面，都出现了质的飞跃，这是个人一生中培养批判性认知的黄金时期。从思维形式上看，学

生已经从"具体形象思维"发展到"抽象逻辑思维"的思维水平，且抽象逻辑思维占据了思维发展的主体地位。所以，无论是基于生理基础还是基于心理发展，初中阶段都是培养学生批判精神的最好时机。

教师必须在教学中重视批判能力的培养，批判认知不是特定的某一课的教学内容，而是应该有意识地补充在每一次教学中，不拘泥于课文形式，不拘泥于具体内容，培养贯穿于教学的始终，潜移默化地影响学生。教师应该深刻地认识到自己在课堂教学中的组织者地位，教师需要帮助学生更好地"学"，所以教师对批判性思维的掌握程度和重视程度将直接影响到教学中思维培养的实施过程，学生在教师的有效引导之下才能更好地发展批判性思维。所以，在散文教学中进行批判性思维的培养，是值得每一位教师思考和落实的问题，让每个学生都发挥其个性特质，不压抑，不扭曲，具备敢于以批判性思维去探究文本内涵、体会文本价值、领略作品美感的倾向和能力。

# 学生在学习中存在的问题及成因分析

## 一、现存问题

### （一）学习兴趣缺失

为了调查当前学生们对于散文学习的兴趣状况，笔者在调查问卷中设置了"你喜欢学习散文吗"这一问题，并通过数据的整理和分析发现初中三个年级的学生喜欢学习散文的人只占23%，因为考试而不得不学习散文的人占45%，不喜欢学习散文的人占32%。由此可见，三个年级的学生普遍存在着对散文学习没有兴趣的情况。

### （二）学习认知不足

笔者为了客观、有效地考察学生在散文教学中存在的真实情况，特将调查问卷分三个年级发放、回收、整理和分析，以求找到初中生在散文学习中存在的共性问题和各年级特有的偏重性问题。针对此进行了数据的分类整理，笔者发现，三个年级的学生在衡量一节成功的散文课时做出了统一的选择，无论哪个年级的学生都基本认为优秀的散文教学应该做到气氛热烈且具有积极的互动，能学到相关知识，课堂活动具有吸引力，并且能够通过学习独立高效地完成课后作业。选择该选项的学生占87%，这说明初中生已经能够准确地判断出一节课的优劣。

但是，对于散文学习的具体认知上却呈现出欠缺，三个年级的学生在调查问题中的答案倾向略有不同，但经总体分析后仍然可以看出，无论哪个年级的学生，对散文学习都出现了认知的偏差。

### （三）对话意识欠缺

学生们对话意识的欠缺也在此次调查问卷中呈现出来。对话交流是保证散文教学有效进行的方式，只有进行了有效的对话，才能帮助学生更好地理解文本以及进行深层次领悟。可以说，对话是通向深度教学的必要途径。学生作为对话和沟通的主体，应该意识到课堂对话的重要性和对自身发展的积极影响。在三个年级的问卷数据统计中，笔者发现学生们的对话意识普遍欠缺。对问卷中"你在散文学习中更喜欢采用哪种对话交流模式"这个问题，三个年级的学生都更倾向于与老师沟通，其次为学生之间的交流，也有一些同学认为课堂对话与散文教学无关，这都是对话意识欠缺的表现。

## 二、原因分析

### （一）缺乏对散文学习的重视

现代散文是初中阶段语文教学中必不可少的学习篇目，是教师和学生一致认为具有难度的学习模块，因而成为初中学段阅读学习的重中之重。但是学生却没有认识到这一点，对散文学习缺乏兴趣，不予重视，随意对待。

语文教材中关于现代散文的入选篇目，基本具有题材多样、内容丰富、语言俗适性等一系列特征，这一系列特征具有其他形式的文体所不具备的多种优势，是提高学生学习能力、思维能力、批判能力等多种能力的综合考察体，学生应该主动发现学习的重要意义，并通过多种方式提升自己的学习兴趣和重视程度。由深度教学理念可知，深度教学有利于挖掘学生深层次的能力和素养，但是如果缺乏重视，教学自然无法深度进行，开发学生一系列的素养也将成为空谈。所以，在初中阶段散文教学必须受到学生的重视，只有个人真正地提高了重视，激发出学习的兴趣，才能促进散文学习以及各项能力的发展，才能主动思考、自主建构，正确认知，以促进自身的积极发展。

**（二）不了解课堂对话的重要作用**

语文教学是工具性与人文性的统一，因此沟通交流是语文学习中必不可少的、至关重要的一部分，同样也是当今社会必不可少的生存技能之一。在社会交往中，人们通过对话进行表达，以实现有效沟通、获取需求、传递文化、体验情感、人格健全发展的需求。而语文教学是由课堂的对话活动来搭建编者、文本、教师、学生的多平台沟通桥梁，是表情达意的深层次发展。深度教学理念也将全方位、多角度的对话作为内涵之一。课堂对话是一切学习的基础，对话的缺失将直接导致学习效果的差异，所以，学生必须从自身出发，意识到课堂对话的重要性，重视课堂对话的进行。学生应持续关注自己的沟通对话能力，把发展此项能力的目标贯穿学习活动的始终，并将练习纳入平时的学习和生活中，引导自己大胆发言、积极对话，多维度沟通，以使自己的对话能力获得真正提升。

# 初中散文深度教学原则及策略

尚　辉

笔者针对调研过程中教师和学生两个方面出现的问题以及产生问题的原因进行了综合分析，并结合深度教学理念的视角，提出了切合初中散文教学实际的五项教学原则，并基于此从教师和学生两个层面出发，提出了深度教学视域下的散文教学策略，此二者相辅相成，互为表里，共同作用，才能真正解决教学中出现的问题，提升散文教学的质量。

## 深度教学视域下的初中散文教学原则

### 一、对话性原则

深度教学视域下的初中散文教学应遵循对话性原则。然而需要注意的是，这里所说的"对话"并不是传统教学中教师与学生之间的单向传输，而是指2011年版语文课程标准明确提出的学生、教师、教科书编者、文本之间的多维度对话。这样的对话可以使散文教学突破从符号到符号、从教师到学生单向信息传递的窠臼，建构起多层次的课堂教学，最大化激发学生的内源性学习动机，使得学生自主地将知识纳入自身精神发展和内涵建构的范畴中，进而促使学生流畅表达、充分领悟，多维度对话，给学生以极大的选择性。多重的对话形式能够关注到不同学生的差异化，最大限度激发学生自主沟通的兴趣，并使其贯穿教学始终，以达到深度教学的目的。深度教学理念下的对话性原则是为了改变传统浅层封闭的学习状态而提出的，散文因其文体结构的特殊性，教学时离不开学生对其进行深度剖析。因此，散文教学使用对话交流能够较好地触发学生自主学习的动机，化难为易，让学生积极有效地参与到教学活动中来，在不同维度的对话中做到有理有据、表达交流逻辑严密，阐释见解主动自发，在互动中实现学习经验的累积、知识结构的完善、知识体系的构建。在这样的教学活动中，学生学习的主体性能够得到充分的发挥，分析问题、解决问题的能力和批判创新能力也能在良性互动中动态生成，并且逐渐强化，促使深度教学的发生。

## 二、整合性原则

深度教学视域下的初中散文教学应遵循整合性原则。这是基于建构主义学习观而提出的主张，学者们认为，学习是一种能动建构的过程。学生们获取知识并不单单依赖教师传授这一单向传递的过程，教师在教学时应关注到学生的知识建构体系。建构主义的教学观也认为，学生在进行知识的学习之前，就已经拥有了一定的知识存储，并形成了一套体系，而教学的任务是帮助学生将已有的知识存储进行升级和扩充，并再建构的过程。其提倡学习者进行自主建构，教学只是辅助作用，能够建构自我知识体系的核心是学生自身。所以，建构主义学者普遍认为，没有进行自我吸收、自我消化、自我建构的教学，使学生失去了学习的能动性，没有达到真正意义上的深度教学。

深度教学理念下的整合性原则与之相辅相成，整合意味着教师不再进行知识的单向传输，而是帮助学生在原有知识结构的基础上更好地理解新知识。教师起到辅助的作用，帮助学生进行新旧知识的整合迁移，深度教学理念重视个人已经具有知识体系起到的基础性作用，认为零散的知识无法推动学生能力的形成，无法产生真正的认知，也无法生成更好的教学。一些教师由于受到应试教育思想的影响，注重学生成绩的体现，而将自己的文本意识转接到散文教学之中，将应当交由学生自主体会的部分设计成"知识点"，不再引导学生探究。深度教学理念反对在散文教学中建立这样的"知识点"概念，主张教师引导学生建构"知识网"，进而搭建"知识结构"。语文学科是工具性与人文性的统一，散文因其结构松散的特征，在教学时不能通过零散的知识点来建立，而是应该在结构化、关联性的知识体系的基础之上进行整合。没有整合就无法建立知识网络，无法将单一的知识点转化成知识体系，也就无法促使学生进行新旧知识的兼容吸收，无法升级学生的知识结构，实现知其然并知其所以然的结果，而没有这样的整合也就无法进行有深度的散文教学。

## 三、理解性原则

深度教学视域下的初中散文教学应遵循理解性原则。语文深度教学是教师引导学生对外显知识系统的学习，对内隐经验知识的感悟，对具备挑战性问题的探讨和研究，来深度解析知识的形式及其背后所具有的多重内涵和价值，从而使学生的理性精神和核心素养获得长足发展的一种教学活动。就此而言，散文教学要想实现从表层到深刻的转化，就需要教师坚持理解性原则，多维度、多视角地引导学生进行理解，由表及里，由浅入深。

随着课程改革的深入推进，课程标准作为教学的纲领性文件提出了更高层次的教学要求。语文教学面临朝向深度化的转型，散文教学也面对从知识的符号表征向深层次意义的突破。那么，如何进行深度化的突破，打破表层教学的藩篱呢？这就要求教师必须掌握理解性的教学原则。散文的结构较为松散，对于初中阶段的学生具有一定难度，但是具有挑战性的学习才是促进学生发展的动力，教师在进行散文教学时应该利用这一优势条件，结合理解性原则，在自身进行全面的、深入的消化之后，为学生设计出超越表层学习的、具有探索性的深度理解提问，使得学生能够成功地将表层理解转化为深度理解的基石，促使学生不断地进行深度理解，将思维和情感引入散文背后的深刻境界。因此，教师的理解是散文教学的基础，也是学生建构的基础，只有教师深入理解，超越表象教学的层面，进入本质教学的层面，即将散文知识的符号表征加以引导，进行学习，并将这些外在的、符号化的语文知识转化为学生针对自身的个性化认知，建立部分与整体的深度理解，把握两者的辩证关系，树立起整体意识，感知各种语言、符号背后所承载的思想价值和人文内涵，引导学生对散文的深刻性、丰富性和完整性进行多角度、全方位的理解，从而实现散文的深度教学。

## 四、反思性原则

深度教学视域下的初中散文教学应遵循反思性原则。中国从古至今都是一个重视反思的国度，而我们的语文教学更要将这一优秀的精神品质引入教育当中，因此反思同样也是教学中不可或缺的重要环节。教学是教师和学生共同进行的教育活动，教学反思有利于教师的回顾和生成更加优质的教学，也有利于学生的思考和更加高效地学习，只有当教师与学生共同进行反思，学会反思，并且将其作用于散文教学之中，才能实现散文教学向深度化的突破。

所以，真正地实现深度教学，需要师生的双向努力。教师需要通过反思获得提高，再由教师进行引导，使学生在把握的基础上反思散文学习区别于其他学习的独特品质，有意识地把握散文学习的本质和精髓。那么，如何把握散文教学中的本质和精髓？首先，教师需要引导学生树立自我反思的意识和格局，并且主动利用反省思维进行学习时的反思，以实现对自我的全面认识和深刻理解。其次，教师要引导学生对学习过程中的自我状态进行回顾，并且反思在此过程中自己的整体状态。最后，教师还要引导学生进行学习结果的反思，反省自己通过学习，是否解决了思维误区、认知困惑、情感缺位，是否建构起新旧知识相结合的知识体系，是否能够以此为基础举一反三地完成课后练习等。

在散文教学中这样的双边反思尤为重要，散文因其文体的特殊性、结构的松散性，使学生不易对其进行解读，往往一知半解或者不知缘由。教师应该重视这种特殊的情况，将其作为教学反思的重要抓手，课后回顾学生是否真正地理解文章和背后蕴含的深意，不断反思，不断解决，并且将每一处思考和回顾作为新授课的关注重点，将教学问题通过反思进行打磨，以此提高自己的教学能力，使教学逐步深度化地发展。所以，教师在散文教学时必须重视自身、学生等多维度的反思，只有通过反思，散文教学才能进入语文学科本质，把握阅读学习的内涵，从而真正贴近学生的学习过程，走进学生的内心世界帮助其建构和成长。

### 五、建构性原则

深度教学视域下的初中散文教学应遵循建构性原则。深度教学理念一直以建构主义理论作为思想的理论基础。学生对于知识的习得，并不仅仅限于教师对学生的传授。建构主义的学习观认为学生的学习不能只是被动地接收信息、反复地机械记忆，而是要根据个人已经具备的信息和经验，积极选择，主动加工，重组处理，从而建构新知识、新经验的学习过程。建构主义的学生观则注重学生发展的差异，尊重个性，以推动学生健康舒适地成长。建构主义的教学观认为，教师的单向灌输使学生失去了学习的能动性，没有进行自我吸收、自我消化、自我建构，只有学习者进行自主建构才是真正的教学。

建构性原则贯穿着语文教学的始终，在散文教学中尤为重要。"形散而神不散"是学界对于散文的传统解读理论，对于散文教学具有重要意义。每个学生的知识基础各有不同，因此对于散文"神"的解读也具有差异化的特征，如何才能让学生在差异化的基础上收获知识，形成深度认知呢？这就需要教师在教学时遵循建构性原则，不将知识生硬地叠加在学生的心智上，而是主动地引导学生进行知识的自主建构，让学生在已有基础上，自己形成认知并进行整合和吸收。在经历了自主建构的过程后，学生能够获得具有个性化的解读和全新的知识体系，对散文知识进行全面的、自然的吸收，进而促进散文知识的理解和深度化解读，使得散文教学实现从量变到质变的飞跃。

# 深度教学视域下的初中散文教学策略

## 一、教师教学层面

### （一）注重思维发展，促进深刻理解

高阶思维是指发生在较高认知水平层次上的心智活动或较高层级的认知能

力，如分析、综合、评价等。我们当前倡导的语文学科关键能力都是高阶思维的外显形态，关键能力培养是学生发展高阶思维的重要切入点。只有发展学生的思维，将高阶思维培养起来，才能促使学生更好、更快地进行深层次的理解学习。所以，随着教育改革的深入推进，对初中学生思维发展的训练越来越受到社会各界的广泛关注。初中阶段是个人成长的重要时期，这一时期青少年的心理和生理的发展易受到各方影响，波动较大，且可塑性极强。因此，在这一阶段的教学中，教师关注提升学生的思维能力，实现从低阶思维向高阶思维的跨越，非常有利于个人的专业学习和终身发展，因此语文教学也应将学生思维的发展置于重要的地位，这一点在语文学科核心素养中也多有体现。

散文教学进行这样的思维发展训练尤为重要，将每一处不易理解的问题都当作对其思维训练的起点，不断打磨，将学生资源充分利用起来，实现思维训练的目的，使教学逐渐步入深度化发展。在散文学习中，学习者要想准确把握文章背后的深刻内涵，就需要利用逻辑思维、辩证思维、批判思维等高阶的思维模式，而这类思维的运用自然就离不开教师在散文学习中的引导和培养。教师在教学时可有意识地将碎片化的符号信息整合成一个结构化的体系，由碎片形成系统，才能达到思维训练的目的。在训练过程中，教师可以参考SOLO分类理论中前结构水平、单点结构水平、多点结构水平、关联结构水平、抽象扩展结构水平五个层次，关注学生的提问和回答，当学生可以自主地将问题整合，由抽象化为具体，即达到了抽象扩展结构水平时，学生也就实现了深层次的思维水平的建构。所以，思维的高阶发展与深度教学相辅相成，培养学生的高阶思维是深度教学的首要目标，也是实现深度教学的前提条件，而深度教学的进行也能够推动学生高阶思维能力的形成。在高阶思维建立后，学生的各方面能力也会得到发展，其中尤为明显的便是理解能力。学生通过对知识从外显到内化的转化过程，以达到对其表征和内涵的深刻理解，从而使散文深度教学真正形成。散文教学在培养学生的高阶思维方面有着不可比拟的优越性，散文在初中阶段选篇较多，内容大多贴近生活，且语言通俗易董，易于学生理解，是培养高阶思维时可利用的较好的训练文体。并且，散文这一文学形式大多以作者自身的所思所想为内容进行创作，具有极强的时代性和现实性，可用以发展学生的思维，锻炼学生的联想关联能力。能够选入教材的散文名篇都具有很强的启示意义，可以在学生深入挖掘后，给学生以深刻的、积极的人生启示，这些在散文教学中对学生高阶思维的发展具有明显优势和重要作用。

笔者以部编版语文教材七年级下册第五单元第18课《紫藤萝瀑布》的课例来进行说明。教师在教学这篇散文时，可以以两个主问题的设置为学生搭建思考的平台。这两个主问题分别是：作者弟弟身患绝症，在亲人生命垂危的情况下，为什么她看到紫藤萝还会感到喜悦呢？为什么文中插叙紫藤萝在"文化大革命"的遭遇呢？两个问题的设计紧紧抓住了"矛盾"，教师以此为"抓手"来组织课堂教学。对于主问题一，按照我们的生活经验，当一个人的亲人身患绝症，命不久矣时，难道不应该是悲伤痛苦的吗？为什么作者在看到紫藤萝时还会感到喜悦呢，这难道不是不合乎逻辑的吗？教师可充分利用这一矛盾，激发出学生探究的欲望，将现实与文本进行"碰撞"，进而迸射出思考的火花。当学生答出"是因为看见了紫藤萝而缓解了悲痛，才感到喜悦"这一浅显的答案时，教师继续追问："为什么紫藤萝可以缓解作者的悲痛和焦虑呢？"对于主问题二，文中插叙紫藤萝在"文化大革命"时期的悲惨遭遇的原因，当学生回答出"是因为要进行今昔对比，从而对过去进行批判"以及参考书的答案"紫藤萝从悲惨稀疏到枝繁叶茂，是对家国命运的象征"时，教师仍然继续追问："作者明明在文前写到了生死的手足之情，为何又转而去批判过去、映射命运呢？"这两次追问起到了重要的引导作用。孔子曾说"不愤不启，不悱不发"。这两次继续追问，便是散文教学中的"愤"与"悱"，通过追问有意识引导学生进行思考，不断地进行启发，使学生体会思考问题和解决问题，并在此期间达到了深层次的文本解读，这种深入地剖析使得学生的思维品质、认知水平和表达能力在一个又一个的冲突与碰撞中得到提升，实现了高阶思维的训练，让学生在无意识中获得提高，摆脱了生硬的套路，这才是真正的"润物细无声"。

除此之外，在面对教师的追问，学生的思考陷入僵局时，教师不能够急于求成，直接说出问题的答案。教师可以转而引导学生细读描写藤萝花的段落和文章最后两个段落，帮助学生明白紫藤萝真正的象征意义。这样的导读才是有价值的，是可以激发学生思考的。学生在学习时由于思维的局限，难免会困在某一问题中，不得出入之法。在学生思维停滞或只能领悟到表象，进行浅层认知时，教师只需起到点拨引导的作用，帮助学生突破表层的藩篱。例如，在《紫藤萝瀑布》的导读中，教师此时并没有一味地架空文章进行分析讲解，也没有让学生做无谓的小组讨论了事，而是回归到文本，带领学生一起研读课文，再辅之以巧妙的点拨和诱导，让学生在文本中涵泳，在教师的帮助下突破瓶颈，转而继续进行深入思考，在自己的思考下得到领悟，收获成功。在这一思考的过程中，学生顺利地体会到了作者宗璞对生命圆融通达的认知和感悟，也生成了一种美妙、自然的课堂生态，这节课没有变成远离文本的人文课、品德课，甚至是科学课，而是一堂真正的有深度的散文课堂。

这节课围绕两个精心设置的主问题，利用冲突和矛盾的形成，从无疑到有疑，从停滞到顿悟，从肤浅到深入，从平静从容到波澜横生，使学生思维的激流始终没有停歇。这既是一场运动量极大的思维体操，又是一次包含着构建生命观的心灵之旅。在这一旅程中，思维训练卓有成效，学生的思维能力得到发展的同时，语文素养获得了提高，这才是有效的、有意义的、有价值的散文教学。

### （二）注重批判反思，提升探究能力

通过提倡多角度解读，经过阅读期待、阅读反省及批判性阅读的环节，开拓学生的思维广度，锻炼其思维品质，是培养批判认知的绝佳途径。很多教师在面对批判时常常闻之色变，认为批判精神就是批评和否定，其实不然。批判精神具体包括探求真理的精神，思想的独立性、开放性，对否定的乐观和自信，认知的成熟、坚持，对事物的好奇心与探究，使命感和责任感等。批判者在进行批判时要保持开放性、灵活性、计划性的态度，以及自我审视和矫正的意愿。这点在散文教学中的体现尤为重要，散文在选文系统中占比很大，一般是作者记录在特殊时期、特定背景下的所感所思，这与其他文体相比具有很大不同。而处于新时代的中学生思考问题的模式或者解决问题的方法很容易与作者所想不同，教师便应该利用好散文教学课堂，抓住作者与学生思想上的差距，只要设计得当，每一次散文教学都可以当作训练学生批判精神的小课堂。

散文"形散而神不散"的文体独特之处，使学生对"神"的理解具有差异化特征。教师应为学生设计出超越表层学习的、具有探索性的深度理解提问，将思维和情感引入散文背后的深刻境界。在经过这一程序之后，学生对教

学中存在的不易解读的部分、一知半解的部分或者不知来源的部分，教师应该妥当处理，将其作为教学反思的重要抓点，课后进行回顾，学生是否真正地理解了文章和背后蕴含的深意，不断反思，不断解决。学生也应在课后及时进行反思，将问题转化为提升的基石。可以说，再没有比散文更适合用来培养、训练、提升学生的批判理解思维了。所以，教师必须在教学中重视批判能力的培养，将批判理解与反思教学相结合，通过教学反思提升批判意识，再利用批判精神推动每一次学习前后的反省和思考，以此形成良性循环，有意识地补充在每一次教学当中，不拘泥于课文形式，不拘泥于具体内容，将其贯穿教学始终，潜移默化地影响学生，帮助学生更好地"学"。这样以批判促反思、以反思助批判的教学过程，是值得每一位教师应用学习的，让每个学生都发挥其个性特质，不压抑、不扭曲，提高以批判性思维去探究文本价值、体会文本内涵、感悟文本美感的能力，并以此促进反思，从根本上塑造学生的独立人格和批判精神，提高学生发现问题、分析问题、解决问题的能力。

以《背影》的教学为例。在某位教师的语文课堂上，学生这样说："如果我是朱自清，看到父亲这样艰难地爬下站台为我买橘子，我不会只在车上流泪，我一定亲自去买。"当即同学们就争论起来，有人赞同父亲去买橘子，有人赞同儿子去买橘子。于是，教师当即决定让大家回去查资料，第二天在语文课上举行辩论会，探讨朱自清该不该自己去买橘子。

这位教师在执教《背影》时主动地关注到了学生的兴趣焦点，一般教师只会让学生通过这篇文章的学习，体会父爱的伟大。而这位教师从学生的质疑出发，为教好传统名篇提供了新的教学思路。当学生提出"朱自清应该自己去买橘子而不是让父亲去买"的问题时，教师并没有回避，而是当即决定在下节课中解决这个问题，从而调整了教学的焦点，对学生的"另类"观点给予了高度关注，以期使学生的感悟和理解更深入、更到位。教科书编者和教师作为成年人，能明白父亲买橘子的行为在旧时象征着长辈为晚辈送"福气"，但如今很少有学生知道这种旧俗，反而从青少年应该自立自强的角度来分析，提出朱自清为什么不自己去买橘子的疑问。这反映出了学生与作者、文章之间的某种隔阂。这位教师通过学生的疑问，发现了问题背后的教学价值，因势利导，使课文有了新突破。学生在"辩论"的时候，通过教师的引导，思维的深度也有所延伸，以不同的眼光探究意义，发散自己的思维，获得心灵深处的启迪。

### （三）注重对话交流，激发阅读感受

语文教学正经历着从传统的"传声式"教学向新型的开放性"对话式"教学的跨越和转型，这样大形势下的理论要求对散文教学产生了至关重要的影响。

由于散文的"情感性"要多于其他文学形式，相对于其他文体来说，散文更加注重阅读者自身的感受和体验。因此，对话交流的过程在散文教学中不可或缺。散文教学离不开师生的深度剖析，散文教学使用对话交流让学生们积极有效地主动参与到教学活动中来。教师在对话交流中需要注重两个方面：一是学生自身的自我体验，强调学生是主体，学生要能够独立于教师来理解本文；二是学生要在阅读之后心有所感、有所领悟，强调学生的内心感受，学生要能够在阅读文本的基础上独立形成自己的思维和感悟，尤其需要学生能够自主或者在教师的引导下与文本、作者进行直接或间接的对话。因此，对话式教学对于散文教学来说至关重要。

例如，著名教师郑桂华在进行语文阅读教学时，始终坚持着自己心中的教学根本原则：设计大体有序，具体细节灵活；学生能够说出来的，教师尽量不说；教师多实施课程方向调控，少理念意识的强加灌输；让对话承担起多种功能。郑桂华老师无论何时一直坚持以学生作为课堂的三体，认为教学的核心就是让学生学有所成、学有所悟。所以在教学中，郑桂华老师强调以学生的表达和理解贯穿课堂，让对话自然发生、有序发生、深度发生，只有在教师的引导和协助下，学生建立起自身在课堂对话中的主体地位、主要作用，注重在散文学习过程中的自主思考、自主表达、自主阐释，才能使对话实现从表层符号向深层意义的过渡，才能使学生领悟意义，获得自我效能感，才能形成有意义的语文课堂教学，体现深度教学的根本价值取向。回望郑桂华老师的散文教学，无不体现了这样的教学原则，教师充分利用对话交流，最大限度地激发学生的学习兴趣，再以兴趣作为引导，通过一次又一次的互动对话、个体对话实现教学目标。学生在这样的学习过程中体会了自主自发的学习乐趣，并且学到了新知识，领悟了新认知，取得了新发展，使散文教学获得了成功，并且领悟文章背后的深刻内涵。因此教师应注重对话交流，使学生在兴趣中完成对知识的掌

握和深层意义的学习。

**（四）注重共生教学，关注学生体验**

随着时代的前进与发展，教师的角色已经不再是知识的权威者和垄断者，以往凭借"强迫""命令"等外在的权威来组织课堂教学的现象已经被时代所淘汰。新时代的教育观认为学生发自内心地对一名教师的认可和尊重才是教师权威的真正来源。因此，在教育改革的背景之下，教师急需找到教学关系中全新的角色定位，由过去的符号知识灌输者转变为深度教学的引导者，为学生创设出具有深度的语文课堂。散文教学中正是需要这样的教学生态，在教学活动中，教师忽视教与学双方的有机互动，课堂缺失生机与活力，进而导致学生对本就不易的散文学习形成抵触情绪，不感兴趣，不愿学习，自然无法在散文课堂中获得养分，促进自身的发展。由此不断循环，逐渐恶化，出现了学生不愿学、教师不愿教的现状。因此教师需要将共生教学应用于散文教学的实践中，以改变当前局面，进而促进深度教学在散文教学中的实现。

黄厚江老师就在散文《背影》教学中这样构建共生教学的课堂：以简笔画作为共生教学的落脚点。在《背影》一文中，作者总共提到过四次背影，第一次是以背影点题，文中写道："我与父亲不相见已二余年了，我最不能忘记的是他的背影。"第二次是写父亲为作者买橘子时的背影——"这时我看见他的背影，我的泪很快地流下来了。"第三次是作者写父亲离开时的背影——"等他的背影混入来来往往的人里，再找不着了，我便进来坐下，我的眼泪又来了。"第四次是写作者在泪光中又忆起父亲的背影——"我读到此处，在晶莹的泪光中，又看见那肥胖的、青布棉袍黑布马褂的背影。"黄老师在梳理过后，就此提问学生："这四处背影，哪一个最让你感动？"许多学生认为父亲买橘子的背影最让人感动，黄老师便从此处着笔，画出了父亲买橘子的背影，这一设计饱含了教师的智慧与匠心，黄老师利用图画这一散文教学中的常用资源，将父亲的形象生动地表现了出来。教师通过几笔简单的勾勒为学生创设了情境，解决了文字表达的局限性，也帮助学生进行了更好的理解。

黄老师继续说："老师在家没事时，就画出了那个令我难忘的背影。我们读书的过程，读散文，文学作品尤其如此，要善于把文字变成画，还要善于把画变成文字。"至此，黄老师已经达到了"活教"，并引导学生"活学"，也激发了学生的兴趣，达到了共生教学的要求，但是黄老师并没有止步于此。他继续说："我是根据文本画的画，如果从文章中选一段文字作为这幅图的说明，你会选哪一段文字？"有了图片的启发，更能让学生从直观的角度感受到作者描绘的父亲的形象，而黄老师再让学生仔细观察画面是否与文章一致时，学生便发现了其中的不同，画中父亲没有"缩着"，以此启发学生把握文中"缩"字的意蕴和传神之处。这一系列的安排设计精巧、环环相扣，在自然和谐的互动中达到了共生教学的目的，并且还使学生深度地体会了作者对于人物形象的刻画。可见，只要教师关注到学生学习的问题和理解需要，做到为学生而教学，实现有深度的共生教学并不是难事。

## 二、学生学习层面

### （一）关注散文发展性，推动深度学习实现

学生是教学活动的主体，学生不应该将自己置于教学过程的外部。在过去的语文散文教学中，教师往往将静态的陈述性知识作为教学中需要掌握的唯一内容进行授课，这样就使得散文教学变成了一成不变的、停滞的教学内容，也直接导致了散文学习呈现去过程、去情境、去发展等弊端。为实现深度学习，学生应该树立起动态发展的知识观，改变以往以结论性知识作为学习目的的方式，因为"对学生成长而言，一切知识都应该是可征询、可批判、可分析、可研讨的对象"。散文学习中的知识绝非一成不变的定理，不仅教师需要动态地看待知识，学生作为学习的主体，也要与时俱进地看待语文知识，深刻挖掘知识的文化性和价值性，对知识进行批判性解读，深刻理解，才能构建自身深度发展的基础。学生对于知识的建构，要重点关注知识的内涵与外延。也就是说，除对知识的表层符号进行理解与分析外，学生还需要进一步探究知识背后所蕴含的来源背景、思考方式、意义内涵、情感价值等方面的内容，并将这些知识补充到现有认知结构中，内化吸收以发展自身的美好品格和关键能力。这就需要学生全面整体地看待知识，学生只有将知识的发展性、活动性和迁移性利用起来，才会获得更高层次的发展。

散文学习需要关注其发展性的特征。因散文在初中语文教材中选篇较多，学生如果只是将这些文章割裂开来，当作一课一课的内容进行学习，所获得的

知识便只是零散的、碎片化的，这样的学习是流于表面的，自然不够深入，也就无法达到深度学习的要求，学习效果也不会理想。因而，在散文学习时，学生必须自主地建立起发展性的学习理念，在面对散文这种形式上较为零散的特殊文学样式时，如果不能将知识形成完整的、灵活的、动态的体系，就无法进行深度建构，这是散文这一文学样式对于学生学习的特殊要求，也是深度掌握散文的最佳方式。以部编版初中语文教材八年级上册为例，本册书的选文较为经典，且主体鲜明而又包罗万象，学生不妨以每个单元为单位，将每个单元的散文知识列出，不断加以补充，并写出知识的使用条件、思考方式，以及未来可应用的情况，形成动态的知识体系，避免碎片化，从而完整且深刻地进行散文学习。

**（二）关注知识关联性，进行多维谱系整合**

深度教学注重学生在掌握知识的同时增加智慧，是真正的学习教育。从真实学习这一视角来分析深度教学，我们可以明显地看出深度教学是教会学生运用知识去解决各种各样的问题。但当学生真切地将自己置于复杂的真实环境中，面对众多的问题时，便立即变得毫无头绪、不知所措。因为知识通常用以对纷繁复杂的社会现象进行注释，但知识本身却并不具备使个人应对社会、化繁为简的能力，真正将知识化为能力依靠的是人的运用。而如何灵活地应用就要靠学生的智慧，这一智慧则是深度教学的价值所在。深度教学引导学生牢牢地把握教学内容与现实生活二者的关联性，让学生自己学会构建关联的多元性知识，从而更好地应对未来的学习和生活。

学生在进行散文学习时就应把握此点，改变对语文知识的一维学习的方式，树立多元意识，建构多元知识的关联性网络，将知识背后的文化和社会现实相融合，以帮助自己从整体上理解、深层次把握。在此基础上加以统合作品的内在含义、主题思想、文学价值，以促进学科内部和学科之间知识的迁移与运用，从而培养个人发散性和创造性的思维能力。然后对知识进行由此及彼、由已知到未知的处理，将各知识点从事实、形式到思想、意义等方面进行贯通，使学习呈现出一种多方联系、纵横交错的交互网络，进而帮助自己更好地建构起知识谱系。在散文学习中这一点尤为重要，散文本身具有"形散而神不散"的特征，而当其进入教学领域，就不仅仅具有文学价值，更具有深刻的教学价值，因此在学生进行学习时，散文类文章通常是他们不易掌握、不好梳理的一类项目。基于此，学生在散文学习时可尝试自主建立知识谱系，以便更好地掌握文中穿插的知识，对散文形成整体认知。只有建立起多元的知识谱系，将知识构成链条或网络，才能促使学生深层次掌握，进入深度学习。

笔者以部编版教材八年级上册第四单元的《散文二篇》为例，建立起散文知识谱系。散文两篇中包含严文井的《永久的生命》和罗素的《我为什么而活着》两篇文章，两者都是写作者对于生命的看法，因此可以做成横向对比知识谱系，如图1所示。

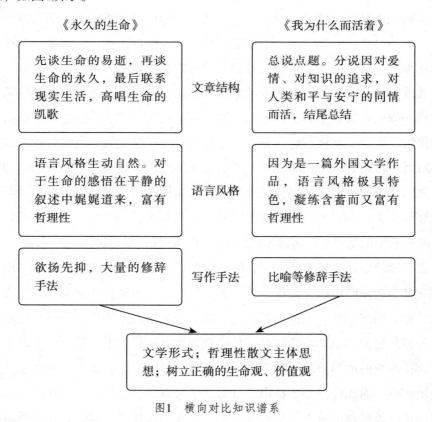

图1　横向对比知识谱系

## （三）关注对话多元性，形成解决问题能力

对于散文来说，每一篇散文都是作者借助文字媒介传递自己的某种思想与情感的创造，要想领悟作者的这种思想和情感就需要读者与文本、与作者进行对话。这个建构不能只由教师完成，学生自身也要主动进行多维度的对话交

流。新课改下的今天，我们提倡的对话应该是真正的对话，不仅是由教师主导的，还可以以学生为主体，自身主动地进行师生之间的平等对话、学生与文本之间的直接对话。散文学习亦是如此，在散文选文较多的今天，学生应该利用散文的先天优势，因散文这类文体与其他文体较为不同，散文形式零散，作者以自身经历、情感生活为主要内容进行创作，所以更需要学生在学习时进行多维度的主动交流：与教材交流，解决散文学习中的选篇用意问题；与老师交流，解决散文学习中的疑难问题；与同学交流，解决散文学习中的感受问题。如此才算真正地深度学习了一篇散文。

例如，琦君的名篇《春酒》，这篇散文的特色是通过富有生活情趣的细节描写，生动形象地向读者展示出了家乡的风土人情以及作者对家乡、母亲、童年的深深怀念和眷恋之情。而琦君独到的地方在于她笔下的"思乡怀旧"并不同于其他人的"乡愁"带着浓浓的愁思和怅惘，她以一种洗尽铅华的笔调絮絮地诉说着她的素淡、宁静、蕴藉和温润，并在此之中饱含着对家乡、母亲、童年的深情。而学生在进行课前预习时就可以事先了解此文的写作背景，预先与文本对话，再结合本单元的主题，明确选文的意义，在自身的心理图式和文本图式之间搭建起支架，帮助自己打开文章的结构图式，而后进行课堂学习，自然能够体会文章的深刻内涵。散文学习尤其需要这样的方式，散文体式较为松散，唯有学生能动地进行多维度的对话交流，才能使学习进入深度领域。

在我国教育面临转型的今天，阅读教学成为语文学习的重中之重，而现当代散文又是初中阶段语文阅读教学中必不可少的学习篇目，散文因其语言的适俗性、意义的深刻性、内涵的哲理性，成为初中学段阅读学习无可替代的重要部分。但是当前的语文教学在受到传统教育理念的影响下，过于注重教学的工具性，技术取向的趋势越来越明显，这些没有深入内里，缺乏实质性意义的教学亟须转变。而深度教学的提出源自深度学习理念，最早开始对深度学习展开研究的是计算机科学、人工神经网络和人工智能等领域。而随着深度学习的概念在科学领域的飞速发展，引起了教育界学者们的广泛关注。学者们在研究学生如何才能进行更深刻的学习时，发现了教师在这一过程中的重要作用，由此提出了有关深度教学的相关策略，并逐渐发展成较为完善的体系，应用于实践之中。深度教学理念以其对知识的深层次理解和深度处理为着眼点，引领学生进行深度学习。因而，深度教学作为提升课堂教学质量的主要教学方式，能够改变缺乏深度、浮于表面、对知识的浅层理解、机械记忆、简单运用的教学现状，是对当前课堂纵深改革的正确方向，是对学生素养全面提升的发展之源。因此深度教学理念在初中散文教学中的应用具有深远意义。深度教学理念成为推动语文新课改的一股不可忽视的力量，其应用在初中散文课堂教学中具有一定的必然性。

## 参考文献

［1］中华人民共和国教育部.普通高中语文课程标准（2017年版）［S］.北京：人民教育出版社，2018.

［2］中华人民共和国教育部.义务教育语文课程标准（2011年版）［S］.北京：北京师范大学出版社，2018.

［3］宁虹.教育研究导论［M］.北京：北京师范大学出版社，2010.

［4］韦志成.语文教育原理［M］.武汉：武汉出版社，1989.

［5］王松泉，韩雪屏，王相文.语文课程教学概论［M］.北京：高等教育出版社，2007.

［6］来华强.当代诗歌散文阅读方法论［M］.北京：语文出版社，2004.

［7］张中原，徐林祥.语文课程与教学论新编［M］.南京：江苏教育出版社，2007.

# 初中散文深度学习教学案例

## 久在凡尘里，复得返童年

### ——《从百草园到三味书屋》教学设计

珠海市斗门区珠峰实验学校    王　月

## 【教材分析】

《从百草园到三味书屋》是部编版教材七年级上册第三单元第1课，是鲁迅先生追溯童年往事的一篇回忆性散文。作者用饱含情感的笔调，描绘了童年学习、玩耍的画面，用儿童的口吻叙述故事，从儿童的视角展现童年，懵懂的幼年有童真，严肃的学习中有童趣。关于童年与学习这两大主题是学生特别熟悉、感到亲切的内容，即便是他人的学习经历，也可以给学生带来共鸣。所以在教授本课时，教师要注重引导学生联系自身成长经历来追溯、感知、感悟。

## 【学情分析】

对于七年级学生来说，初中阶段的生活就是他们的"三味书屋"，这个阶段的学生和作者的心态有相似之处，他们也在怀念自己的童年、小学阶段的乐事，还体会不到初中生活的快乐与意义，所以教师课堂上要注重引导学生试着深入理解社会和人生，通过言语的桥梁去落实学生对他人学习智慧的体悟，对多彩学习生活的体会，从作者的经历中找到自身的共鸣。

## 【教学目标】

（1）景中探情，品析景物描写，读懂蕴涵深情。

（2）句中析趣，追忆童真童趣，感受趣味所在。

（3）学中成长，回顾自己童年，参悟成长意义。

## 【教学重难点】

（1）品味准确、传神的语言描写，学习抓住特点描写景物的方法。

（2）结合自己的生活体验，体会童年生活的美好和学习生活的乐趣。

## 【教学过程】

### （一）忆童年，拾童趣

（课前播放幼儿园小朋友上学第一天伤心痛哭的视频及夸张图片）教师与学生交谈：同学们，视频中为什么出现这样的情景？（根据学生回答继续追问）大家还记得自己第一天进入幼儿园或者小学一年级时的情景吗？当时的心情是怎样的呢？今天，我们来走近一位文学巨匠——鲁迅先生，来看看他的童年都有哪些趣事？他入学第一天都有什么所见所想呢？

### （二）念童趣，已成年

（1）请大家先阅读《从百草园到三味书屋》中写三味书屋的部分，思考：在三味书屋读书时期的鲁迅快乐吗？为什么？

明确：文中写三味书屋的部分历来存在三种解读的声音，一种是"批判说"，认为鲁迅先生写在三味书屋的岁月是对封建教育制度的彻底否定与批判，例如，作者把寿镜吾先生刻画成了一个"死读书、读死书"的形象，特别是作者抱着求知的渴望请教他时，却遇见了"不知道"和脸上的"怒色"；另一种是"儿童心理说"，认为贯穿全文的都是甜美的欢乐回忆，即作者心中的百草园与三味书屋生活都是快乐的；还有一种是"对比说"，认为作者描述的三味书屋部分是为了同快乐的百草园生活做对比，表达了对束缚儿童身心发展的封建教育的不满。

虽然对于文本的解读不尽相同，但教师要引导学生深入理解文本，不能人云亦云，通过分析课文内容让学生明确即使在三味书屋有学业压力，但童年的作者也在"后园"寻得了乐趣，如"折蜡梅花""寻蝉蜕""喂蚂蚁"，实际上，读书游戏化了，如大家放开喉咙读书的场景、读书的内容以及先生读书时的难忘瞬间。因此，鲁迅对三味书屋的回忆仍是快乐的，尤其鲁迅先生成年后经历种种挫折与苦难再回首时，这些儿时的记忆越发弥足珍贵。

补充材料①：《从百草园到三味书屋》选自《朝花夕拾》，写于1926年9月18日。1926年3月18日，发生了反对帝国主义侵略的"三一八"惨案。冯玉祥的直系军阀和张作霖的奉系军阀交战，日本为了保护自身利益，出兵击退天津大沽口直系国民军，并最后通牒段祺瑞政府撤除大沽口防务。在中共北方区委和国民党北京执委会领导下，北京的5000余名学生在李大钊等率领下于18日在天安门集会，通过了拒绝八国最后通牒、驱逐帝国主义公使、立即撤退驻天津的外国军舰、组织北京市民反帝大同盟等决议。会后，群众举行游行请愿，在执政府门前遭段祺瑞卫队的屠杀，死47人，伤199人。其中<u>鲁迅的学生刘和珍、杨德群等人当场死亡</u>。次日，<u>执政府下令查封国民党市党部和中俄大学</u>，通缉李大钊、徐谦等50人，<u>鲁迅也在其列</u>。鲁迅同时被章士钊用手段开除教育部签事一职。因此鲁迅无法公开与北洋军阀做斗争，<u>被迫于1926年应厦门大学的邀请离开北京</u>。他在辗转流徙、心情苦闷的时候经常回忆起少年时的往事，于是写了这篇散文发表在《莽原》上，发表时加的副标题是"旧事重提之六"。

补充材料②：我常想在纷扰中寻出一点闲静来，然而委实不容易。目前是这么离奇，心里是这么芜杂。一个人做到只剩了回忆的时候，生涯大概总要算是无聊了罢，但有时竟会连回忆也没有……惟独在记忆上，还有旧来的意味存留。他们也许要哄骗我一生，使我时时反顾。

这十篇就是从记忆中抄出来的，与实际容或有些不同，然而我现在只记得是这样。文体大概很杂乱，因为是或作或辍，经了九个月之多。环境也不一：前两篇写于北京寓所的东壁下；中三篇是流离中所作，地方是医院和木匠房；后五篇却在厦门大学的图书馆的楼上，已经是被学者们挤出集团之后了。

——《朝花夕拾》小引

（2）虽然小鲁迅在三味书屋找到了另一种乐趣，在他成年后回忆起来，求学岁月仍值得怀念，那么在鲁迅看来，让他最快乐的乐园是哪里？为什么？

明确：鲁迅之所以认为百草园是他的乐园，原因归纳有三，根据文中的关键语段分析，百草园活泼的动植物生命是其乐之一；神秘而美丽的民间传说是其乐之二；趣味无穷的游戏及有陪他同玩的人（闰作人、闰土等）是其乐之三。

补充材料①：蟋蟀是蛐蛐的官名，它单独时名为叫，在雌雄相对，低声吟唱的时候则云弹琴……又有一种油唧蛉，北方叫作油壶卢，似蟋蟀而肥大……它们只会嘘嘘地直声叫，弹琴的本领我可以保证它们是没有的。

——周作人《鲁迅的故家》

补充材料②：油蛉这东西不知道在绍兴以外的地方叫什么，如果解说，只能说是一种大蚂蚁似的鸣虫吧。

——周作人《鲁迅的故家》

补充材料③：爱人赠我玫瑰花；回她什么：赤练蛇。

——鲁迅《我的失恋》

补充材料④：闰土的心里有无穷无尽的希奇的事，都是我往常的朋友所不知道的。他们不知道一些事，闰土在海边时，他们都和我一样只看见院子里高墙上的四角的天空。

——鲁迅《故乡》

### （三）切视角，悟成长

鲁迅童年的经历和儿时的心理，相信也引起了大家的共鸣，追忆完我们的童年，大家又有怎样的思考与感悟呢？

明确：教师引导学生珍惜当下的学习生活，善于捕捉生活中的美好与乐趣，让学生领悟到其实我们每个人心中都有一方"百草园"，那里可容花木，可纳雅音，只要我们心中有诗意，处处皆清欢。即使生活再困苦，经历再坎坷，只要心之所向，目光所及之处便皆是温暖，灵魂栖息之处皆是乐园。所以，同学们无论成长中经历什么，都要时时守护我们心中的"百草园"，守护我们那日益凋谢的童心。

### （四）善迁移，观自身

学生课后查找关于追忆童年的名篇名作，结合自己的童年体验，给爸爸妈妈写一封信，告诉他们你最渴望怎样的童年？你最想守护的"百草园"是什么

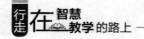

样子？

**（五）再追忆，勤反思**

教授该文的过程中，笔者始终想着利用学生现有的情感体验来感悟文章的内容，以期求得共鸣，所以在学习过程中，大家踊跃发言，都谈出了自己真实的感受。学生也真正走进了文章，走近了童年的作者。这给了笔者莫大鼓励，所以在以后的语文教学中，笔者要更加注重对学生的引导，提高学生的参与程度，和学生共读经典文章时，做到常读常新，相信共情的力量，与学生回忆童年的美好，感受生活的快乐。

# 《秋天的怀念》教学案例

珠海新世纪学校 林 颖

## 【教材分析】

《秋天的怀念》是一篇怀念母亲的文章，作者通过回忆的方式，写出了自己在瘫痪时，重病缠身的母亲是怎样细心、耐心、小心地照顾自己，直至生命的最后一刻。表现了母亲对子女深沉无私的爱，也表现了作者因自己的残疾而忽视母亲病痛的追悔，对母亲深深的怀念和由此而重燃的生命勇气与信心。

## 【学情分析】

七年级学生对于语文已经掌握了一定的学习方法，并具备了一定的朗读能力、表达能力、理解能力、感悟能力。阅读的重点开始由理解词的意思转向体会文章的思想感情。因此，课堂应充分凸显学生的主体地位，努力营造自主空间，积极创设情境，让他们主动、大胆地参与朗读、讨论、交流，深切地感受母爱的深沉。母亲是孩子最熟悉的人，母爱渗透在孩子生活的点点滴滴之中，因此孩子在学习此文后，对母爱的感受会更加真切而又深切。

## 【教学目标】

（1）有感情地朗读，理解词语含义，学会通过描写动作、神态等来体会母亲对儿女深深的爱。

（2）通过联系生活实际，培养学生热爱父母的情感。

（3）体会文中所蕴含的自强不息、热爱生活的精神。

## 【教学重难点】

教师引导学生研读文本，体会作者怎样通过描写动作、神态来表现人物内心的真情实感，从中感悟蕴含在字里行间的那份不张扬的母爱。

## 【教学过程】

（一）导入

同学们喜欢秋天吗？——喜欢。

因为秋天是一个凉爽的季节，也是一个硕果累累、收获的季节，但是对于作家史铁生来说，却是一个让人伤悲的季节。

（二）了解作者

史铁生（1951—2010），当代作家。

1951年生于北京，1967年毕业于清华大学附属中学，1969年插队落户到延安，1972年因积劳成疾双腿瘫痪回到北京，在街道工厂工作。后来又患肾病并发展到尿毒症，靠着每周3次透析维持生命。自称职业是生病，业余在写作。他体验到的是生命的苦难，表达出的却是明朗和欢乐。

（插入史铁生各种带着笑脸的图片：我们现在所看到的史铁生是一个很开朗的史铁生，但是双腿瘫痪的他，最初并没有这么开朗的笑容）

21岁双腿瘫痪，也就是那一年，他的母亲也去世了。后来，他在许多文章里都写到了他的母亲，可以说，他的成长之路是母亲以生命为代价铺就的。

（三）朗读课文，感悟母爱

（1）史铁生最初双腿瘫痪后，他的情绪是怎样的？请同学朗读文章的第1自然段来回答这个问题。

明确：暴怒无常。

（2）史铁生最初暴怒无常，有哪些表现？

明确：望着望着天上北归的雁阵，我会突然把面前的玻璃砸碎；听着听着李谷一甜美的歌声，我会猛地把手边的东西摔向四周的墙壁。

"不，我不去！"我狠命地捶打这两条可恨的腿，喊着，"我可活什么劲儿！"

（指导学生有感情地朗读这几句话，注意重点词、声调语速的变化）

（3）这个时候，史铁生的生活态度是怎样的？（用文章的句子回答）

明确："我可活什么劲儿！"（绝望）

（4）后来，史铁生的生活态度又是怎样的呢？（用文章的句子回答）

明确："我俩在一块儿，要好好儿活……"（再生希望）

（指导学生有感情地朗读这两句话）

（5）是谁改变了"我"？

明确：母亲。

（6）母亲做了哪些事情改变了"我"呢？朗读课文，找出答案。

（让学生有感情地朗读）

明确：

① 理解、尊重。

"母亲就悄悄地躲出去，在我看不见的地方偷偷地听着我的动静。当一切恢复沉寂，她又悄悄地进来，眼边儿红红的，看着我。"

作者使用了动作、神态描写，表现了母亲不仅疼爱儿子，还懂得理解儿子的心情，自己承受着更巨大的痛苦，体现了深沉而不张扬的母爱。

"悄悄地躲出去"：可看出母亲体谅儿子、尊重儿子的情感，接受儿子的情绪，让"我"尽情发泄心中的苦痛，不看儿子在现实面前展现的无力和难堪，给予儿子最大的尊重。

② 细心呵护。

"母亲就悄悄地躲出去，在我看不见的地方偷偷地听着我的动静。当一切恢复沉寂，她又悄悄地进来，眼边儿红红的，看着我。"

"偷偷"：表现了母亲不放心"我"，关注"我"，表现了母亲的慈爱和细心。

"眼边儿红红的"：说明母亲偷偷地哭过但又不让儿子看到自己难过的样子，强忍内心悲伤，无私地关爱儿子，不给儿子添堵。

"母亲进来了，挡在窗前：'北海的菊花开了，我推着你去看看吧。'她憔悴的脸上现出央求般的神色。"

作者使用了动作、语言、神态描写。

"挡"：表现了母亲不想让"我"触景伤情，看到落叶凋零的萧条景象而产生伤感痛苦的心情，体现了母亲细心的爱。

"她忽然不说了。对于'跑'和'踩'一类的字眼儿，她比我还敏感。她又悄悄地出去了。"

作者使用了动作描写，说明了母亲很怕自己的情绪或者言辞刺激到"我"，把儿子的自尊看得比什么都重，小心翼翼，表现了母亲对"我"的爱和关心无处不在。

③坚忍、耐心。

"可我却一直都不知道，她的病已经到了那步田地。后来妹妹告诉我，她常常肝疼得整宿整宿翻来覆去地睡不了觉。"

插叙。写出了母亲当时在病魔的折磨下身体已经十分不好，但没有在"我"面前露出任何迹象，自己默默忍耐，也没有在儿子面前现出不好的情绪。

"母亲进来了，挡在窗前：'北海的菊花开了，我推着你去看看吧。'她憔悴的脸上现出央求般的神色。"

"央求般"：表现了母亲的耐心和慈祥的爱，并尊重儿子的决定，并不是用强硬的态度逼着儿子去做。

④牵挂、无私。

"别人告诉我，她昏迷前的最后一句话是：'我那个有病的儿子和我那个还未成年的女儿……'"

这里表现了母亲无私的爱，临死前，想到的还是子女，一心只为儿女幸福着想，从未想过自己。

这话带着省略号，母亲还有什么话没说完呢？

明确："我俩在一块儿，要好好儿活。"

这里的"好好儿活"是什么意思呢? 究竟要怎样好好儿活?

明确: 为了不辜负母亲, "我"和妹妹坚强地、乐观地、幸福地生活下去, 活出自己的人生价值。

小结: 所以, 母亲虽然自己身患重病, 但却能体贴入微地照顾双腿瘫痪的儿子, 用细心、耐心去照顾儿子, 让儿子得到尊重和理解, 并用爱和坚韧让儿子明白, 要好好儿活!

读到这里, 我们读到了一位爱得十分深沉的母亲。

### (四)迁移阅读(推荐阅读史铁生怀念母亲的有关文摘)

在那段日子里——那是好几年长的一段日子, 我想我一定使母亲作过了最坏的准备了, 但她从来没有对我说过: "你为我想想。" 事实上我也真的没为她想过。那时她的儿子, 还太年轻, 还来不及为母亲想, 他被命运击昏了头, 一心以为自己是世上最不幸的一个, 不知道儿子的不幸在母亲那儿总是要加倍的。她有一个长到二十岁上忽然截瘫了的儿子, 这是她唯一的儿子; 她情愿截瘫的是她自己而不是儿子, 可这事无法代替; 她想, 只要儿子能活下去哪怕自己去死也行, 可她又确信一个人不能仅仅是活着, 儿子得有一条路走向自己的幸福; 而这条路呢, 没有谁能保证她的儿子终能找到。——这样一个母亲, 注定是活得最苦的母亲。

——《我与地坛》

我有一个凄苦的梦……在梦里, 我绝望地哭喊, 心里怨她: "我理解你的失望, 我理解你的离开, 但你总要捎个信儿来呀, 你不知道, 我们会牵挂你, 不知道我们是多么想念你吗? " 但就连这样的话也无从说给她, 只知道她在很远的地方, 并不知道她在哪儿。这个梦一再走进我的黑夜, 驱之不去。

——摘自史铁生《有关庙的回忆》

我坐在小公园安静的树林里, 闭上眼睛, 想, 上帝为什么早早地召母亲回去呢? 很久很久, 迷迷糊糊的我听见了回答: "她心里太苦了, 上帝看她受不住了, 就召她回去。" 我似乎得了一点安慰, 睁开眼睛, 看见风正从树林里穿过。

——摘自史铁生《合欢树》

教师引导学生阅读《我与地坛》《有关庙的回忆》《合欢树》, 进一步体会史铁生对母亲深切的怀念。

小结：《秋天的怀念》是作者对已故母亲的回忆，回忆重病缠身的母亲，体贴入微地照顾双腿瘫痪的自己，并鼓励自己好好活下去，表现了伟大而无私的母爱，也表现了作者对母亲深切的怀念，对母亲无尽的爱，还表达了作者对"子欲养而亲不待"的悔恨。

**（五）拓展练习：随文书写，妙笔生花**

我们的母亲在我们的生活中也默默付出很多，请回忆一下，母亲为你做了哪些常常会被我们所忽略的事？写一段给母亲的话，表达对母爱的深刻理解和感激。

参考：妈妈你好，你知道你有个"毛病"吗？只要我说哪样菜好吃，你就会频繁地煮那道菜，直到我厌烦地埋怨了为止。其实我知道，你就是把我觉得好的，给我，都给我，爱我爱得不知所措了而已。妈妈，是您，给予了我生命，且不辞辛劳地抚育我成长，您真的辛苦了！

小结：母亲是一部我们永远都读不完的大书，像天空一样广阔，像海洋一样深邃。我们的母亲也和史铁生的母亲一样有着深沉、伟大而毫不张扬的爱啊！"可怜天下慈母心"，每个母亲都是一样的心情，她盼着儿女们能够幸福快乐，所以我想告诉大家：无论人生遇到怎样的磨难，为了母亲的微笑，我们都要坚强地走下去！也不要让母亲失望，更不要让母亲伤心，否则，那将是我们永远无法弥补的遗憾！

## 【教学反思】

这篇课文篇幅不长，但饱含深情。笔者在课前先让学生对史铁生以及他和母亲的经历有一个较为详细的了解。在营造一个良好的课堂气氛之后，笔者和学生开始了交流，把自己最感动的地方引领着学生去感受，学生对其中的情感还是领会得较深的，但是课堂上的朗读还不够，这样动人的感情更应该带着学生在朗读中品味出来。

# 《老王》教学案例

珠海市湾仔中学　赵媛媛

## 【教材分析】

《老王》是七年级语文下册的一篇回忆性散文，本单元的主题是"对小人物的认识与思考"。《阿长与〈山海经〉》《老王》是回忆性散文，《台阶》《卖油翁》是小说。教师把文学体裁不同的文章放到一个单元，在教学上需要区别教学的方法。散文的特质是抒发作者独特的情感体验，所叙之事是真实的；小说的本质是叙事和虚构，所叙之事是虚构的。本单元的人文要求是从"小人物"身上发现优秀品格，引导人们向善、务实、求美；本单元的语文知识是"回忆性散文"的体式与解读方法。这个单元的写作训练是"抓住细节"，要真实、典型、生动。

## 【学情分析】

学生在七年级已经学过《从百草园到三味书屋》《秋天的怀念》以及《朝花夕拾》。学生对回忆性散文已经有了充分的感性认识，只是对这类文体的解读需要进一步提升。过去的文章内容简单，学生可以读懂有关的人、事、景、物，分析作者的情感意蕴也不是很难，但是对一些内涵比较深沉、意蕴比较复杂的回忆性散文，需要增加相关的文体知识才可以理解。

## 【教学目标】

（1）梳理作者与老王相处的事件，体会作者对老王的情感脉络。

（2）体会作者在平静从容的叙述语调中抒发深沉情感的艺术风格。

## 【教学重点】

梳理作者与老王相处的事件，体会作者对老王的情感脉络。

## 【教学难点】

体会作者在平静从容的叙述语调中抒发深沉情感的艺术风格。

## 【教学过程】

### 第一课时

课时目标：梳理作者与老王相处的事件，体会作者对老王的情感脉络。

**1. 知识勾连**

本单元我们学习了《阿长与〈山海经〉》，它选自鲁迅的《朝花夕拾》，是一篇回忆性散文。今天，我们要学习的是杨绛的《老王》，同样也是一篇回忆性散文。请同学们回顾一下，回忆性散文在叙事方面有什么特点？

**明确：** 回忆性散文存在两重叙述视角，在第一人称回顾性叙述中，通常有两种眼光交替作用，一种为叙述者"我"追忆往事的眼光——叙述自我视角（现在的"我"）；另一种为被追忆的"我"正在经历事件时的眼光——经验自我视角（过去的"我"）。

**2. 探究"老王"与"我"**

**环节一：探究"老王"**

朗读文章第1～4段，收集关于老王的个人信息。

**明确：**

| | |
|---|---|
| 姓名 | 老王（具体姓名不详） |
| 职业 | 蹬三轮的 |
| 社会地位 | 社会普通劳动者 |
| 拥有财产 | 一辆破旧的三轮车 |
| 婚姻状况 | 老光棍 |
| 身体状况 | 一只眼是"田螺眼"，瞎的。那只好眼也有病，天黑了就看不见。有一次，撞在电杆上，撞得半面肿胀。有夜盲症 |
| 家庭住址 | 破破落落的大院，几间塌败的小屋，住那儿多年了（未必是他自己的家） |
| 家庭成员 | 有个哥哥，死了，有两个侄儿，"没出息"，此外就没什么亲人 |

由此，我们可以看出，老王的外在形象是丑陋的，过着穷苦卑微的生活。

学生阅读全文，从文中找出作者回忆的与老王相处的几件事，并谈谈对老王的评价。（让学生在文中圈点勾画，概括整理后自由发言回答）

明确：

①"我"常坐老王的车。

②女儿给有夜盲症的老王大瓶鱼肝油。

③老王帮"我们"家带送冰。（老王"最老实"——抱着冰上楼，代我们放入冰箱，冰价相等，冰大一倍）

④老王送默存上医院，不肯要钱。（坚决不肯拿钱，拿了钱却还不大放心）

⑤老王临终前给"我"送香油和鸡蛋。（扶病到"我"家来，"我不要钱"）

由此，我们可以得出，老王心地善良、老实厚道。

环节二：从以上回忆的事件中，可以看出"我"对老王有怎样的情感

〔学生小组讨论，互相交流意见，教师巡回指导，点名个别在全班分享〕

明确：

| 事件 | "我"这样做的目的 | "我"对老王的情感态度 |
|---|---|---|
| "我"常坐老王的车 | 照顾老王的生意（给钱） | 怜悯 |
| 女儿给有夜盲症的老王大瓶鱼肝油 | 帮老王治疗夜盲症 | 同情 |
| 老王帮"我们"家带送冰，冰价相等，冰大一倍 | "不要他减半收费" | 感动 |
| 老王送默存上医院，不肯要钱 | "一定要给他钱" | 感激 |
| 老王临终前给"我"送香油和鸡蛋 | 给老王香油和鸡蛋的钱 | 震惊、不安、愧怍 |

由此，我们可以看出，作者在处理与老王的关系时，都用了同一种方式——付钱。"钱"成了"我"与老王关系的纽带。

"我"对老王的情感是有变化、有发展的，请填下表。

| 叙述视角 | "我"对老王的情感 | "我"看待老王的角度 | 原因 |
|---|---|---|---|
| 经验自我（过去的"我"） | 怜悯、同情 | 俯视 | 老王失群落伍、住着不像样的房子、身体不好、没什么亲人 |
| 经验自我（过去的"我"） | 感动、感激 | 平视 | 老王十分厚道地多次帮助"我们"家 |
| 叙述自我（现在的"我"） | 震惊、不安、愧怍 | 仰视 | 老王把最好的留给非亲非故的"我们"，把"我们"当成了家人一样对待、不求回报 |

**环节三：探究"我"对老王情感变化的原因**

作为知识分子的"我"，对待作为一个三轮车夫的老王，做得已经够好了。那个特定的年代，"我们"从来没有"多吃多占"他一点便宜。按理说，老王死去，"我"无须承担什么责任，不应该产生愧疚之情的。但为什么作者对老王的情感发展会"不安、愧怍"呢？请通过品读以下几个句子来回答。（学生品读发言，老师点评小结）

我常坐老王的三轮。<u>他蹬，我坐</u>，一路上我们说着闲话。（一"蹬"一"坐"，表明两人是什么关系）

老王给我们楼下人家送冰，愿意给我们家带送，车费减半。我们<u>当然</u>不要他减半收费。（"当然"是一种什么心理状态）

可是过些时老王病了，<u>不知</u>什么病，花钱吃了<u>不知</u>什么药，总不见好。（这里用了两个"不知"，既然都跟老王那么熟了，为什么对老王的病却"不知"情呢）

<u>几年过去了</u>，我渐渐明白：那是一个幸运的人对一个不幸者的愧怍。（"几年过去了"，"我"为什么还一直记得这件事）

**明确：**"他蹬，我坐"言明两人的关系——雇用与被雇用；"当然不要他减半收费"透露出作为知识分子不轻易占人便宜的清高；连老王得什么病、吃什么药都不知道……

老王无依无靠，他不求回报地对"我们"好，在离世前把"我们"一家当成了这个世界最可亲的人，寻找精神慰藉和人间温情；而过去的"我"却用"钱"来"侮辱"他，认为用钱可以平衡"我"与他之间的关系，将他和

"我们"隔开距离。老王付出的是亲情般的关心，而"我"对他的付出却平淡如水。所以，现在的"我"想到过去的"我"的所作所为，感到"不安、愧怍"。

小结：作者用叙述自我（现在的"我"）来"审判"经验自我（过去的"我"）当时对待老王所持的那种知识分子特有的"清高"和"矜持"。作者反照内心发现，自己在精神层面远远比不上这个命运不幸、外貌丑陋的老王，所以才会感到"愧怍"。

## 第二课时

课时目标：体会作者在平静从容的叙述语调中抒发深沉情感的艺术风格。

**1. 联想回顾**

上节课我们梳理了《老王》一课作者的情感脉络，体会到叙述自我与经验自我双重叙述视角的交织，使作者抒发感情有了两种渠道，使情感更丰富、更丰厚。而我们通读全篇，并没有发现作者用太多直接抒发情感的语句，杨绛的语言风格是平静从容的，那么她是如何抒发如此深沉的情感呢？我们来分析一下。

**2. 品味文中反常之处**

学生品读下面的句子，体会这些反常的细节起到的作用。（学生小组讨论，教师点拨，点名发言，全班分享）

他蹬，我坐，一路上我们说着闲话。（什么样的话算是闲话？聊闲话的这两人是表明关系亲密还是疏远）

他也许是从小营养不良而瞎了一眼，也许是得了恶病……（"也许"这个词表明过去的"我"真的关心老王吗？为什么）

"文化大革命"开始，默存不知怎么的一条腿走不得路了……我自己不敢乘三轮……（"文化大革命"开始，为什么"我自己不敢乘三轮"）

他哑着嗓子悄悄问我："你还有钱吗？"我笑着说有钱……（"我"为什么"笑"着说，"我"真的很有钱吗？在过去的"我"的眼里，老王的关心多余吗）

说得可笑些，他简直像棺材里倒出来的……（老王都病得那么厉害，为什么作者用"说得可笑些"这样的字眼）

我也赶忙解释："我知道，我知道——不过你既然来了，就免得托人捎了。"（"我知道"连说两次，表明"我"的什么心理？"我"真的"知道"老王送鸡蛋和香油的用意吗）

"什么时候死的？就是到您那儿的第二天。"我没再多问。（为什么"我"不多问一问呢？这表明"我"对"老王"真的关心吗）

**明确：**

①"闲话"，看似关系融洽亲近，实则两人只能聊聊家长里短的话。杨绛是知识分子，老王是三轮车夫，他们精神层面上没有沟通的可能。

②"也许"表示不确定，看似是作者出于对老王的关心进行的猜测，实则说明当时作者并没有真正关心过老王的眼睛究竟怎么瞎的。

③知识卡片："文化大革命"。

"我自己不敢乘三轮"，看似写自己胆小，实则用平静从容的笔触隐藏了灾难性的遭遇和内心的痛苦。

④"笑着说"，看似作者被老王的关心感动了，实则表明作者觉得老王的顾虑是多余的，带一点知识分子的优越感。

⑤"说得可笑些"，看似作者对老王的观察异常仔细，实则表明作者没有发现这是接近死亡的征象，居然还有开玩笑的兴致。

⑥"我知道，我知道"，看似作者懂得老王送香油和鸡蛋的缘由——换钱，实则作者完全不懂老王的精神世界——寻求人间温情。

⑦"我没再多问"，看似符合常理，对一个非亲非故的人无须多问，实则暴露了"我"对老王的死有点冷漠。

小结：以上几处句子都是平静从容的叙述，似乎每一处都合情合理，但仔细品味就会发现违反常理。只有读懂了这些反常之处，我们才能真正理解作者隐藏在文字背后的情感意蕴——"我"从来都没有把老王当成朋友、当成亲人去关心关爱。作者的语调越是平静从容，"我"对老王的态度在经验自我（过去的"我"）那里就越显得合情合理。越是在经验自我那里合情合理的东西，就越会在叙述自我（现在的"我"）那里遭受严肃"审判"，越是让作者体会到"愧怍"。不似抒情，胜似抒情。作者的这种语言风格犹如一盏茶茗，越品越有滋味。

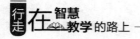

### 3. 读 "老王"

作者不但对自己 "文化大革命" 时期身陷困境只字不提、惜墨如金，连对香油和鸡蛋在当时是凭票供应，有钱也很难买到的情况也未做补充。然而，作者对老王送香油和鸡蛋时的情形却大笔浓墨。我们来赏析一下第8～16段。

学生分角色朗读，读出感情。

自由发言，说说哪些语句最让自己内心震撼。

预设以下句子是学生可以找到赏析的：

他面色死灰，两只眼上都结着一层<u>翳</u>，分不清哪一只瞎，哪一只不瞎。

他简直像棺材里倒出来的，就像我想象里的僵尸，骷髅上绷着一层<u>枯黄的干皮</u>，打上一棍就会散成<u>一堆白骨</u>。

他一手拿着布，一手<u>攥</u>着钱，<u>滞笨</u>地转过身子。

开门看见老王<u>直僵僵</u>地镶嵌在门框里……也许他平时不那么瘦，也不那么<u>直僵僵</u>的……他 "嗯" 了一声，<u>直</u>着脚往里走……我忙去给他开了门，站在楼梯口，看他<u>直</u>着脚一级一级下楼去……那<u>直僵僵</u>的身体好像不能坐，稍一弯曲就会散成一堆骨头。

**明确：**

① 随文认读生字。翳：眼角膜病变后留下的疤痕。老王眼病越发严重了，连 "田螺眼" 都分不出来了。

② "僵尸、枯黄的干皮、一堆白骨"，这里用比喻和夸张描写了多么恐怖的画面。

③ 随文学习词语。滞笨：呆滞笨拙。老王行动迟缓的状态意味着他行动艰难，病入膏肓。

④ 文中用了五次 "直" 来写老王，这是不久于人世的信号，老王的外在形象是 "丑" 的，他的病态更是恐怖的、令人毛骨悚然的，更能反衬出他内心的 "美" ——他在临终前克服行动不便的巨大困难，还能把自己最好的食品亲自送给非亲非故的 "我"！表面上是描写老王的状况，其实这里是作者情感的高潮。

**小结：** 文章用浓重的笔调、细致地描摹了老王临终前给 "我" 送鸡蛋的情形，这与前文作者平静从容的笔调、惜墨如金的写法形成鲜明对比。笔调变化的过程，也是作者情感发生变化的过程。

**4. 迁移与运用**

请学生阅读《老王》的姐妹篇《林奶奶》，并运用阅读老王的方式方法来赏析这篇文章。

学生尝试从经验自我和叙述自我两个视角，梳理文章的情感脉络；抓住细节的反常之处，品析"不抒情的抒情"独特的语言风格。

## 【板书设计】

第一课时

情感脉络：

经验自我　——　叙述自我

怜悯、同情——感动、感激——震惊、不安、愧怍

（俯视）　　　（平视）　　　（仰视）

第二课时

反常的细节　——→　平静从容的　——→　独特的风格

叙事语调　　　　　不抒情的抒情

## 【教学反思】

第一课时，教师从梳理老王的个人信息和评价老王入手，进一步分析"我"与老王相处过程中对老王的情感态度，得出"钱"是平衡我们关系的纽带的结论；接着从两种叙述视角（经验自我与叙述自我）切入，整理出"我"对老王的情感态度发生了变化，同时得出"我"看待老王的角度也在变化：俯视—平视—仰视，从而进一步探究其发生变化的原因。这节课难度层层递进，从搜索信息、概括归纳到整合分析、创见评价，学生由低阶学习迈向高阶学习。

第二课时，学生赏析文章中反常的细节，从中体味杨绛平静从容的叙述风格，用"不抒情的抒情"来表达一种深沉的情感和对人生理性的思考。教师只有引导学生读懂杨绛的语言风格，才能真正读懂杨绛对老王的"愧怍"。

# 小人物，大品质

## ——《阿长与〈山海经〉》群文教学设计

珠海市金鼎中学　胡　勇

## 【教材分析】

部编版教材七年级语文下册第三单元所选编的四篇课文为教读课文《阿长与〈山海经〉》《老王》《卖油翁》和自读课文《台阶》。它们都是"小人物"的平凡故事，小人物身上有着朴素的爱与单纯的善，有着平凡的向往与坚定的追求，还有着自信与智慧，他们身上闪现着优秀品格的光辉，给我们以深深的感动。

本单元教学方面的要求主要是培养学生对文章重点的定位能力和对文章内涵意蕴的理解能力。学生学习熟读精思的方法，学会从标题、详略安排、角度选择等方面把握文章重点，还要从开头、结尾、文中的反复及特别之处发现关键语句，感受意蕴。

## 【学情分析】

七年级学生对写人记事类文章并不陌生，也积累了一些阅读方法，特别是七年级下册第一单元"杰出人物"的学习，学习了精读的方法：把握关键语句或段落，透过细节把握人物特征，理解人物情感。本单元的学习方法——把握阅读重点和关键语句进行熟读精思。两个单元可以形成知识勾连，使学生了解写人、叙事文章的共同点。因为学生对文章重点内容的掌握缺少方法，所以教师以活动让他们在体验中整理归纳是本节课的重点。

另外，笔者班级的学生的基础薄弱，学习较被动，语文学习兴趣有待加强，教师在方法指导中需要充分调动学生的学习兴趣，让他们积极主动地参与课堂，在教学活动中习得方法。

## 【教学目标】

（1）通读第三单元，初步了解单元内容，明确单元主题。

（2）初步学会从标题、详略安排、角度等方面定位阅读重点。

（3）通过活动，激发学生阅读兴趣。

## 【教学重点】

学会从标题、详略安排、角度等方面定位阅读重点。

## 【教学难点】

学以致用，教师用指导的阅读方法引导学生学会独立阅读文章。

## 【教学过程】

**（一）初识单元，明方法**

学生浏览本单元文章以及课后思考题，读书本第49页，圈画重要信息，说说单元目标。

**明确**：标题、详略安排、角度选择——把握文章重点。从开头、结尾、文中的反复及特别之处发现关键语句。

活动一：说标题

标题是我们阅读的一把钥匙，读四个标题，说说你的阅读收获和疑问。

补充：《阿长与〈山海经〉》《老王》是写人记事的散文，以写实为主，重在抒情；《台阶》这篇小说表达主题的方式非常含蓄，题目是否还有更深的含义呢？

活动二：详略得当

写人叙事文章可以写一件事，也可以写多件事。这几篇课文都写了什么事情，哪些是详细，哪些是略写？

（1）教师以《阿长与〈山海经〉》为例整理。

（2）学生小组合作完成其余文章。

活动三：初步感受文章蕴含的情感或意蕴

请大家选择其中一课读开头和结尾，这些段落中哪些句子让你对文章有了更深的了解。

学生交流，教师小结。

教师引导学生读《卖油翁》，画出反复的句子。

无他，但手熟尔；我亦无他，惟手熟尔。

知识勾连：这些方法是我们打开这一单元文章的重要钥匙，结合以前学过的写人的文章，你还有什么其他的方法推荐？

**（二）捕捉镜头，明方法**

小组合作，构思人物微电影（单元主要人物：阿长、老王、父亲、卖油翁）。

师：这些人物中，如果让你选择一个来拍一部微电影，你会选择拍谁？拍什么？同学们先想想，然后根据课堂导读任务一，完成拍摄设想并说明理由。

学生小组合作，根据课堂导读单完成微电影拍摄设想。

小组间交流后小组展示拍摄设想。

小组1展示：我们组拍摄的人物是阿长和鲁迅，我们最想拍阿长给我们买《山海经》，特别想突出阿长说的那句话"三亨经"，以及"我"当时拿到书时的惊讶的神情。理由是从这件事看出长妈妈对"我"的关心。

学生朗读相关的句子。

师：你们在拍细节的时候选择了阿长的这句说错的话，为什么？

生：我觉得这句话最能突出阿长没文化，也能让我们想象她买的过程艰辛，从中看出阿长真心地关心"我"。

师：你们这组哪位同学有补充？

生：我想补充理由：这件事应该是最能看出长妈妈对"我"关心的句子，是文中最重要的一件事。

师：它的重要性从哪里可以一眼看出？

生：题目，它告诉我们主要写的是阿长，而且最重要的事情是阿长买《山海经》这件事。

师：关于《阿长与〈山海经〉》其他组的同学有什么补充吗？

176

生：我们拍的是阿长给"我"吃福橘的事情，我们想突出拍阿长给"我"吃福橘的动作和她一直说"恭喜"的样子，理由是这里虽然是略写，但是阿长很有意思，她特别重视这件事，迷信，特别希望"我"好，可"我"不太喜欢。

师：刚才第2组同学和大家交流了他们的拍摄设想，我们发现他们是通过什么方法来捕捉这个重要的镜头的？是的，文章的题目和详略安排能让我们较快捕捉到那些特别的镜头。

小组2展示：我们组拍摄的人物是父亲，我们最想拍父亲挑水的事情，特别想突出父亲的语言和扁担。理由是这个画面让我们知道父亲并没有像他希望的一样过上体面的生活，而是老了，前后的对比更是令人心酸。

师：你们小组能读一读父亲的语言和描写扁担的句子吗？

生朗读语言和扁担的描写，并提醒其他同学画出（小组成员无补充）。

师：这一组拍的是台阶造好之后的画面，其他小组对拍摄父亲有没有补充？

小组补充1：我们组最想拍摄的是造台阶时踩黄泥和放鞭炮的事情，我们最想突出拍的是父亲在踩黄泥时的动作、头发，还有放鞭炮时手的姿势和囧的样子。我们组在这些画面中看到了父亲造台阶时既高兴又有些尴尬的样子。（生朗读放鞭炮的文字）

小组补充2：我们组拍摄的是还没有造台阶时的事情，我们最想突出拍的是青石板。父亲坐在青石板上说"我们家的台阶低"的样子，理由是这里让我们组感觉父亲和青石板有重要的关系，坐在青石板上的父亲特别向往高台阶。（学生朗读关于青石板的文字）

师：这篇文章的题目是"台阶"，"台阶"牵动同学们的心，刚才的这几组同学都围绕"台阶"选择了他们的不同角度拍摄，突出拍摄了很多特别的镜头，我们的脑海中一定也跟随着他们浮现出一部部微电影的画面，看到了父亲的变化和他的形象，你们都是优秀的小导演。

小组3展示：我们组拍摄的人物是卖油翁，我们最想拍卖油翁酌油的事情，特别想突出他反复的语言和动作、神态。理由是题目告诉我们卖油翁是最重要的人物，卖油翁的动作描写很细致，他的语言让我们组想象到了他说话时的神态，我们觉得这样拍，他的特点就很清楚了。（一人讲拍摄设想，另一人朗读卖油翁酌油和两句语言描写的句子）

生：我们组补充，我们组拍摄的是卖油翁和陈康肃，想拍卖油翁酌油，特别想突出的内容和上一组一样，但是我们还想拍陈康肃的表情，理由是卖油翁是主要人物，但是陈康肃的存在才能更突出卖油翁。

师：看来主要人物要重点拍，但次要人物在文中也是可以拍的，通过侧面来突出主要人物。

（《老王》展示，省略）

师小结：一个个特别的镜头就是每组同学对文章阅读重要内容的呈现，刚才同学们通过抓住细节、文章的标题、详略安排、侧面烘托和前后对比等方法捕捉到了那些特别的镜头，也就把握住每篇文章的重要内容，从而了解人物形象，甚至初步感受了文章的情感。

## 【教学反思】

多次的备课、磨课，直至课堂的最后呈现，笔者对单元起始课有了更清晰的认识，对单元起始课的有效建构有了更深入的思考和探索，认识到单元起始课在单元整体教学中有着举足轻重的地位。

### 1. 激发教师内驱力，提升单元教学效率

叶澜教授说："我国当代教学改革的复杂性和艰难性在于，它就是教师改变自我、更新自我或重建自我的过程，并且这一重建过程是内外双向重建的过程：向内，需要教师重新审视自己的学生观、教学观、知识观、教学育人价值观等；向外，需要教师将自己的新认识、新理解化为新的教育教学行为。事实证明，实现观念和行为的双重更新并非易事。"

为上好这节课，备课前，笔者对整个单元的教材、教参、作业本、课时特训以及课外阅读拓展材料进行了全面了解，充分把握了单元整体教学的内容和目标，对单元起始课的课型特点和它在教材体系中的作用等进行了学习，进一步提升了自己的教学理念。记得一次市教研活动中，储老师说："教师需要对教学价值有新的探索与追求，需要有单元的整体意识和把握能力，需要有更新的教学观念。"的确是这样，为上好一节有效的单元起始课，笔者调动多方的力量，只要发自内心的学习动力加速了教学观念的更新，那么我们就会主动改变注重单篇教学的现象，自觉地打破文章拿来就上，想怎么上就怎么上的个

体习惯，实现起始课、教读课、自读课、整理课等课型建构真正意义上的单元整体。

单元整体解读得越深入，单元文章间的联系和区别就越加清楚，教师对单元教学了然于心，单元整体教学效率也就随之提升。

**2. 呈现单元学情，促进有效单元整体教学**

一节有效的起始课其实就像导游图，告知游客怎样游览，并呈现完整的游览过程。一节有效的起始课，也是教师教学的导游图。

这节起始课是学生学习四篇文章的起点，学生游览得怎样呈现了他们对单元内容的了解程度、单元学习策略的基本把握情况等。大致把握学生教材学习的整体水平，教师就能更好地确定每篇文章重点的教学内容和教学目标。如这节课，学生对四篇文章的内容基本了解，能通过题目、详略安排抓住重点阅读内容，但对关键语句不敏感。学生对四篇文章了解的程度也不同：课堂上学生对《阿长与〈山海经〉》的了解就相对充分，基本把握了人物形象；而对《卖油翁》就相对陌生，只有少部分学生选择这篇文章拍摄微电影，而且展示交流中发现学生对文章的内容不了解。这样就呈现了单元学习的不同起点，各课不同的侧重点。可见，有效的起始课将告知教师、学生学习本单元的起点，让我们清楚了解学生已知的内容，使我们对单元教读课、自读课学生需要学什么有了比较清晰的认识，能精准确定教读和自读课的教学目标与重难点。从这一点来说，每一单元的学习，学生的学情和起点都是不同的。

在课改新形势下，课堂教学从关注怎样教转向关注怎样学，基于学情的单元整体教学就显得特别重要，学情是一堂课是否真正有效的基本出发点。教师了解、确定学生单元学习的学情，以正确的方式打开单元整体教学，是单元起始课的重要意义所在。

**3. 借助任务驱动，提高学生语文素养**

新教材特别注重课程标准提出的"语文素养"理念，语文核心素养包括语言建构与运用、思维发展与提升、审美鉴赏与创造、文化传承与理解。提升学生的语言能力、思维能力、审美情趣、文化品位等，始终是新教材追求的目标。

在核心素养培养的要求中，起始课更注重学生在活动任务驱动下的学习和发现。本节课从学生的兴趣出发，调动了学生主动参与学习的积极性。实现了以"学生为主体"的自主学习，教师在课堂中只起着引导作用，在自主的"学"和教师的"导"之间架起的是学生的素养之桥。

"看电影，聊方法；读文章，识单元；捕捉镜头，明方法；阅读方法，我推荐"，这四个活动都在努力从各个能力点培养、提升学生的语文素养。"看电影，聊方法"培养学生的审美能力和表达能力；"读文章，识单元"训练读思素养；"捕捉镜头，明方法"这一过程中学生的语言建构能力、思维发展能力得以提升，训练了学生听、读、思与表达的能力；"阅读方法，我推荐"是对前面各学习环节的思维提炼和运用，包括作业设计也巧妙地化学习为运用，使整个学习过程成为所有素养综合运用的基点。

教师当从这节课出发，走向单元，走向课外，提升学生单元的学习力，提高学生的素养。